CÓMO COCINAR
LAS SETAS

Vincent Allard

CÓMO COCINAR LAS SETAS

A pesar de haber puesto el máximo cuidado en la redacción de esta obra, el autor o el editor no pueden en modo alguno responsabilizarse por las informaciones (fórmulas, recetas, técnicas, etc.) vertidas en el texto. Se aconseja, en el caso de problemas específicos —a menudo únicos— de cada lector en particular, que se consulte con una persona cualificada para obtener las informaciones más completas, más exactas y lo más actualizadas posible. EDITORIAL DE VECCHI, S. A. U.

Dedico este libro a mi esposa, sin cuya paciencia esta obra no habría existido; a mi hijo, un futuro sibarita si sigue por el mismo camino; a mi madre y a mi abuela, que me han transmitido mucho más que una habilidad manual; a mi abuelo, que solía decir que «todo estaba en el vino», y que era un gran iniciador a los encantos de la enología. Y, por último, a Éric, a J.-M., a C.-M., y a algunos amigos más siempre dispuestos a probar mis experimentos.

© Editorial De Vecchi, S. A. 2019
© [2019] Confidential Concepts International Ltd., Ireland
Subsidiary company of Confidential Concepts Inc, USA
ISBN: 978-1-64461-462-4

El Código Penal vigente dispone: «Será castigado con la pena de prisión de seis meses a dos años o de multa de seis a veinticuatro meses quien, con ánimo de lucro y en perjuicio de tercero, reproduzca, plagie, distribuya o comunique públicamente, en todo o en parte, una obra literaria, artística o científica, o su transformación, interpretación o ejecución artística fijada en cualquier tipo de soporte o comunicada a través de cualquier medio, sin la autorización de los titulares de los correspondientes derechos de propiedad intelectual o de sus cesionarios. La misma pena se impondrá a quien intencionadamente importe, exporte o almacene ejemplares de dichas obras o producciones o ejecuciones sin la referida autorización». (Artículo 270).

Índice

Prólogo	7
Introducción	8
Fichas de las setas más comunes	9
Vinos recomendados	13
Recetas	29
Índice de recetas	158

Prólogo

Mushrooms, fungi, champignon, cogumelos…, si existe un alimento que no sabe de fronteras, sin duda se trata de las setas, a las que cada país aporta su toque especial para concederles originales virtudes gustativas. No ha habido viaje que haya emprendido ni curso de cocina que haya realizado en cualquier lugar del mundo en que no haya encontrado estos «pequeños productos del campo».

Existen numerosas especies comestibles que son muy apreciadas por su sabor, aroma o textura y con las que se pueden elaborar platos de todo tipo, incluso, como ha hecho Vincent Allard, un delicioso postre. Pero antes de comerlas, tenemos que recolectarlas y prepararlas. He aquí unos útiles consejos al respecto: recoja siempre setas tiernas, nunca demasiado maduras, pues una seta fermentada puede resultar indigesta. Es importante lavarlas y cocinarlas nada más llegar a casa, y consumirlas en las 48 horas siguientes o prepararlas en conserva. Y fíjese bien en los tiempos de cocción, que son fundamentales para cocinar con setas.

En esta obra aparecen tantas setas distintas que, sin duda, no sabrá por dónde empezar, así que póngase manos a la obra y aprenda a preparar ensaladas de trufa, crepes de setas, nems con champiñones negros…

Para terminar, permita que le ofrezca mi receta preferida: setas de Burdeos rellenas. En un bol mezcle una cebolla, dos dientes de ajo machacados y un poco de mantequilla. Hornee la mezcla resultante durante 3 minutos a 250 °C. Corte los pies de cuatro setas de Burdeos, coloque los sombreros en una fuente untada con mantequilla y eche un poco de sal. Pique bien los pies de las setas y añádalos a la mezcla de cebolla y ajo, junto con miga de pan y perejil. Ligue la mezcla con leche, vierta el relleno sobre los sombreros de las setas y añada un poco de mantequilla o una gota de aceite de oliva. Hornee las setas durante 5-7 minutos a 250 °C y sírvalas con un Pécharmant o un Puisseguin-Saint-Emilion. ¡La combinación es deliciosa y refrescante!

Desearía dar las gracias al autor por proponer recetas originales que muestran una cocina fresca, amable, generosa y acogedora, unas recetas que a la vez han evocado las mesas de mi infancia.

André Berrurier
Le Bouillon Normand, Honfle (Francia)

Introducción

Muchos dietistas coinciden en afirmar que los hongos constituyen un excelente alimento, siempre y cuando estén en buen estado de conservación, se cocinen de un modo apropiado y sean consumidos en cantidades razonables. Las setas proporcionan proteínas y vitaminas B_1, B_2, C, D y E, no engordan y son bien toleradas por casi todo el mundo. Sin embargo, las personas que sufren alteraciones intestinales o problemas de hígado deberían consultar a su médico antes de consumirlas.

La más conocida de todas las setas es, sin duda, el champiñón, pero, dejando a un lado las 20 variedades reconocidas por sus cualidades gustativas y que se encuentran fácilmente en el mercado, poca gente sabe que de las 5000 especies de hongos que crecen en Europa casi 1200 son comestibles.

Sea como fuere, el riesgo de equivocarse al recogerlas debe suscitar una gran vigilancia durante la preparación y cualquier ejemplar sospechoso tiene que ser desechado. No nos cansaremos de repetirlo nunca: no coja cualquier seta, ni de cualquier manera. Compruebe siempre que conoce todas las setas de la cesta, una a una, las veces que haga falta, y no dude en consultar obras especializadas o a un experto en la materia si lo cree necesario. Y, desde luego, ante la menor duda, absténgase de consumir las setas. Pero una vez tomadas las debidas precauciones, quédese tranquilo: el placer obtenido durante la recolección se prolongará hasta el plato.

Si no realiza usted mismo la recolección, en el mercado puede encontrar a lo largo de todo el año unas treinta variedades de hongos estrictamente controladas que permiten elaborar sabrosas combinaciones culinarias. Lo podrá comprobar en las páginas siguientes...

FICHAS DE LAS SETAS MÁS COMUNES

AGARICUS BISPORUS — CHAMPIÑÓN CULTIVADO

Catalán: *xampinyó*   Gallego: *champiñón de cría*   Vasco: *txanpinoi, franzes, perretxico*

El consumo del champiñón cultivado, o seta de París, está muy extendido. Su preparación no requiere ninguna indicación particular, aparte de constatar que no sirve de nada secarlo dada la regularidad de su producción y la facilidad para conseguirlo durante todo el año.

AGARICUS CAMPESTRIS — CHAMPIÑÓN SILVESTRE

Catalán: *camperol*   Gallego: *fungo das febras*   Vasco: *barrengorri, urdintxa*

De sabor y aroma agradables, esta seta se recolecta tras lluvias abundantes, pero hay que tener cuidado con no confundirla con setas venenosas mortales. Puede cocinarse exactamente igual que el champiñón cultivado.

ALEURIA AURANTIA — PEZIZA ANARANJADA

Catalán: *cassoleta*   Gallego: —   Vasco: *katilu laranja, taronja*

Se caracteriza por su color y por la ausencia de sabor y aroma. Puede consumirse cruda, en ensalada, o como postre, confitada con azúcar y alguna bebida alcohólica. En la cocina se usa más por su curioso aspecto que por un atractivo gastronómico real.

AMANITA CAESAREA — ORONJA

Catalán: *reig, ou de reig*   Gallego: *a raíña*   Vasco: *kuleto, gorringo*

También conocida como *amanita de los césares* o *yema de huevo*, su delicadeza y rareza la convierten en una seta muy solicitada. Se aconseja comer los ejemplares más pequeños crudos; los grandes resultan deliciosos a la parrilla: para prepararlos, basta con limpiar el sombrero y, con la ayuda de un pincel, retirar cualquier cuerpo extraño de las láminas.

ARMILLARIA MELLEA — ARMILLARIA COLOR DE MIEL

Catalán: *pollancró*   Gallego: —   Vasco: *pago-ziza*

La carne del sombrero es firme y el pie, fibroso (en los ejemplares adultos hay que tirarlo). Desprende un olor agradable y su sabor, ligeramente amargo, mejora al cocinarla. No se puede comer cruda, porque es tóxica y puede provocar problemas digestivos; sancóchala 5 minutos a fuego fuerte y tire el agua de la cocción. Es excelente con espaguetis, salteada con aceite y ajo, en guisos y sopas.

BOLETUS EDULIS — BOLETO COMESTIBLE

| Catalán: *sureny, cep* | Gallego: *andoa albo* | Vasco: *onto-zuri, ondo* |

También conocida como *calabaza*, *seta de Burdeos* u *hongo calabaza*, tiene un aroma agradable y un sabor excelente. Apropiada para todo tipo de preparaciones, los ejemplares pequeños se consumen crudos y los sombreros enteros de los adultos son excelentes a la parrilla. Si se dejan secar, proporcionan un aroma característico a salsas y guisos.

CALOCYBE GAMBOSA — SETA DE PRIMAVERA

| Catalán: *moixernó* | Gallego: — | Vasco: *perretxiko, ziza-zuri* |

Para muchos expertos esta seta, conocida también como *seta de San Jorge* o *muchardón*, es excelente. Su carne blanca y compacta desprende un olor muy agradable. Se puede consumir fresca o conservada en vinagre, pero nunca desecada.

CALVATIA CYATHIFORMIS — BEJÍN LILACINO

| Catalán: — | Gallego: — | Vasco: — |

En gastronomía sólo se usan los ejemplares jóvenes, de carne firme y blanca. Cortados en rodajas, pueden freírse, pero también pueden ser uno de los ingredientes de una sopa. El bejín es idóneo para conservarlo en vinagre.

CANTHARELLUS CIBARIUS — REBOZUELO

| Catalán: *rossinyol* | Gallego: *amarela* | Vasco: *susa, ziza ori* |

El aroma del rebozuelo, o cabrilla, es muy agradable y recuerda al del melocotón o el albaricoque. Es excelente fresco, y consumido en crudo se aprecia perfectamente su sabor picante, que desaparece al cocinarlo. Puede conservarse cuatro o cinco días en la nevera cubierto con un trapo húmedo.

CLITOCYBE GEOTROPA — MUSERÓN DE OTOÑO

| Catalán: *pampa, candela de bruc* | Gallego: — | Vasco: *urril, ziza* |

Conocida también como *platera* o *cabeza de fraile*, esta seta de carne blanca y consistente tiene un aroma muy agradable y es muy adecuada para la elaboración de excelentes salsas; no se presta a la desecación.

CLITOCYBE NEBULARIS — PARDILLA

| Catalán: — | Gallego: — | Vasco: — |

Conocida también como *griseta* o *morena*, esta seta de carne blanca y gruesa en el centro del sombrero crece en grupo y desprende un aroma particularmente intenso. Su sabor sólo se aprecia en su totalidad una vez cocinada: se recomienda sancocharla y tirar el agua del primer hervor.

COPRINUS COMATUS — MATACANDIL

| Catalán: *bolet de tinta, pixacà barbut* | Gallego: — | Vasco: *urbeltz galpardun* |

Sólo deben consumirse los ejemplares pequeños y firmes, cuyo sombrero esté bien unido al pie y sea de color blanco. El matacandil, o barbuda, no se conserva fresco mucho tiempo (sancochado en agua hirviendo, unos dos o tres días). Permite diversas preparaciones: los sombreros pequeños se rebozan en huevo y pan rallado y se fríen; los grandes son excelentes en guisos, sopas y salsas o rehogados con aceite, ajo y perejil.

CRATERELLUS CORNUCOPIOIDES — TROMPETA DE LOS MUERTOS

| Catalán: *trompeta* | Gallego: — | Vasco: — |

Conocida también como *cuerno de la abundancia*, contrariamente a lo que ocurre con la mayoría de setas, la trompeta se prepara mejor cortada a lo largo. Su carne elástica, frágil y afrutada es perfecta para elaborar platos refinados que exploten su color negro y su delicado sabor. Rehogada con aceite, ajo y perejil resulta deliciosa, y sirve para elaborar guisos, salsas o sopas. No se conserva mucho tiempo fresca, porque se seca rápidamente y se vuelve fibrosa.

KUEHNEROMYCES MUTABILIS — FOLIOTA CAMBIANTE

| Catalán: — | Gallego: — | Vasco: *egur-ziza aldakor* |

Es una especie excelente que se recolecta después de lluvias abundantes. De carne blanquecina y aroma agradable, puede ser confundida con otras especies. Así pues, es importante procurar identificarla bien. No se presta a la conservación en vinagre ni a la desecación.

LACTARIUS DELICIOSUS — NÍSCALO

| Catalán: *pinatell* | Gallego: *latouro, fungo dos pinos* | Vasco: *esne gorri* |

Conocido también como *mízcalo*, su aroma es neutro y su consistencia, firme. Antes de cocinarlo, hay que asegurarse de que no tiene gusanos (algo usual en los ejemplares maduros), cortando el pie; se hierve durante 2 o 3 minutos, para eliminar cualquier resto de amargor, y ya puede ser utilizado en ensaladas, salteado en una sartén, etc.

LEPISTA NUDA — PIE AZUL

| Catalán: *pimpinela morada* | Gallego: — | Vasco: *ziza hankaurdin* |

Se conoce también como *pezón azul*. La carne del pie es fibrosa y la del sombrero, tierna y frágil. Se conserva bien en el frigorífico durante unos días, sólo con limpiar el sombrero y tirar los pies duros de los ejemplares maduros. Gracias a su tamaño, con pocos ejemplares fritos con aceite, ajo y perejil se puede elaborar un plato consistente. También forma parte de guisos y salsas, y se usa como acompañamiento de carnes y pescados.

MACROLEPIOTA PROCERA —— GALAMPERNA

Catalán: *paloma, maneta* Gallego: *zarrota, patela de mel* Vasco: *galanperna jangarri*

Conocida también como *parasol* o *apagador*, perece rápidamente, por lo que debe consumirse enseguida. Se aconseja usar sólo el sombrero, porque el pie es leñoso. Cuando es pequeño y todavía está cerrado, se puede freír; cuando ya está abierto en forma de taza invertida, resulta perfecto para rellenarlo; y cuando está completamente abierto, como si fuera un parasol, se reboza en huevo y pan rallado, y se fríe.

MORCHELLA ROTUNDA —— MORILLA

Catalán: *múrgula, rabassola* Gallego: *colmeneira* Vasco: *karraspina*

También conocida como *cagarria* o *colmenilla redonda*, es quizá la seta más apreciada, después de la trufa y los boletos comestibles, porque puede acompañar a casi cualquier alimento. Es imprescindible cocinarla siempre, pues cruda puede provocar molestias digestivas.

PLEUROTUS OSTREATUS —— PLEUROTO EN FORMA DE CONCHA

Catalán: *orellana* Gallego: — Vasco: *belarri landu*

Se conoce también como *pleuroto concoideo* y *pleuroto*. Los ejemplares silvestres pueden ser tóxicos, por lo que se recomienda consumir sólo los cultivados. Frescos, se pueden preparar de muchas maneras, pero es aconsejable hervir siempre los pleurotos grandes unos 20 minutos en agua con sal para reblandecerlos.

TUBER MAGNATUM —— TRUFA

Catalán: *tòfona* Gallego: — Vasco: *boillurra*

El cuerpo fructífero de esta seta emite un olor aliáceo particularmente penetrante, cuya difusión puede evitarse envolviéndola en un trozo de lana. La exquisita trufa es considerada por muchos como el más sabroso de los condimentos. El ansia de algunos expertos hace que su precio aumente por encima de lo razonable: a más de 2200 euros el kilo.

TUBER MELANOSPORUM —— TRUFA NEGRA

Catalán: *tòfona negra* Gallego: — Vasco: *boilur beltz*

Conocida también como *criadilla de tierra* o *trufa de Périgord,* su intenso olor la ha convertido en una joya gastronómica. Para limpiarla, debe lavarse y cepillarse la piel dura y verrugosa. Se conserva fresca una semana en el frigorífico en un tarro hermético. No tiene sentido congelarla o secarla, pues su aroma y estructura se resienten notablemente.

VINOS RECOMENDADOS

A mi amigo Bruno Grelon, con el que siempre he compartido la misma pasión.

Con la colaboración del chef André Berrurier, hemos querido recomendar tres vinos distintos para acompañar cada una de las recetas que se presentan en esta obra. Los vinos sugeridos son blancos (B), tintos (T) o rosados (R). Ni en enología ni en gastronomía existen reglas definitivas que obliguen a degustar de forma sistemática un vino tinto con la carne o uno blanco con el pescado. No obstante, es esencial valorar la intensidad del aroma (la fuerza), la persistencia, la complejidad y la calidad del vino para que armonice con el plato al que acompaña.

N. B.: Junto al nombre del vino, aparece entre paréntesis la siguiente información: la región, el productor recomendado, cuando lo hay, y el país.

1. Suflé de oronjas
- Alsace-muscat (Alsace, J. P. Durler à Bergohltz, Francia) B
- Condado Viejo (Provincia de Huelva, Iglesias, España) T
- Rouge de Montmorency (Québec) T

2. Oronjas flambeadas
- Saint-Aubin (Borgoña, Gilles Bouton, Francia) T
- Rousette du Bugey (Jura, François Grinand, Francia) T
- Viognier (Monte Carmelo, Shomron, Israel) T

3. Berenjenas rellenas con champiñones
- Copertino Rosso (provincia de Lecce, Casa Vinicola Apollino, Italia) R
- Rousette du Bugey (Jura, François Grinand, Francia) R
- Ycoden Rosado (isla de Tenerife, Cueva del Viento, España) Rosé

4. Buñuelos de champiñones
- Colli Bolognesi chardonnay (Bolonia, Santa Rosa, Italia) B
- Esino rosso (provincia de Ancona, Amato Ceci, Italia) T
- Copertino rosso (provincia de Lecce, Casa Vinicola Apollino, Italia) T

5. *Beuchelle* de Turena
- Cabernet sauvignon de Nueva Zelanda (NZ, Coopers Creek, Nueva Zelanda) T
- Muller-Thurgau (Cantones de Basilea y Berna, Suiza) B
- Bourgueil (Tourraine, La Croix du Moulin Neuf, Francia) T

6. Mantequilla de trufa
- Lesquerde (Perpiñán, Les vignerons de Lesquerde, Francia) T
- Touraine-Azay-Le-Rideau (valle del Indre, Château de la Roche, Francia) B
- Chenin blanc (Mendoza, Oenaflor, Argentina) B

7. *Blinis* con boletos comestibles y vieiras
- Somonto blanco (provincia de Huesca, Fábregas, España) B
- Jurançon sec (Jurançon, Bordenave à Monein, Francia) B
- Cortese di Gavi (provincia de Alessandra, Castellari Bergaglio, Italia) B

8. Brioches con salsa Mornay y trufa
- Loupiac (Loupiac, Château Peyruchet, Francia) B
- Montescudaio bianco (Pisa, La Regola, Italia) B
- Château Musar (valle de Beeka, Château Musar, Líbano) B

9. Brochetas de rape, pimientos y champiñones
- Colli Piacentini Malvasia (Plaisance, Tore fornello, Italia) B
- Brouilly (Ródano, Gille Aujogue producteur, Francia) R
- Costers del segre tinto (provincias de Lérida y Tarragona, Monestir del Tallat, España) R

10. Codornices con champiñones y pasas
- Volnay (Meursaul et Volnay, Domaine Michel Lafarge, Francia) T
- Givry (Givry, Côte Chalonnaise, Didier Erker, Francia) T
- Lacrima di Morro d'Alba (Ancone, Monteschiavo, Italia) T

11. *Cappellacci* con boletos comestibles
- Falanghina del Taburno (provincia de Benevento, Cantine del Taburno, Italia) B
- Collio Ribolla Gialla (Judrio, Venica & Venica, Italia) B
- Friuli Grave cabernet sauvignon (provincias de Udine y Pordenone, Villa Chiopris, Italia) T

12. Cardos gratinados con trufas
- Tempranillo (Medozina, Bodegas Lurton, Argentina) T
- Saint Romain (Costa de Beaune, Bernard Martenot, Francia) T
- Trentino Pinot nero (Provincia de Trento, Pojer & Sandri, Italia) T

13. Carpaccio de vieiras con trufas
- Colli Bolognesi Chardonnay (Bologne, Santa Rosa, Italia) B
- Hermitage (Côtes du Rhone, Domaine du Colombier, Francia) B
- Colli Lanuvini Rosso (Lac de Nemi, Cantine Silvestri, Italia) B

14. Cazoletas de gambas con trufas
- Loupiac (Loupiac, Château Peyruchet, Francia) B
- Cortese di Gavi (provincia de Alessandra, Castellari Bergaglio, Italia) B
- Juanico (Montevideo, Establecimiento Juanico, Uruguay) B

15. Cazoletas de cigalas con boletos comestibles
- Hermitage (Côtes du Rhone, Domaine du Colombier, Francia) B
- Irouléguy (Pirineos Atlánticos, Peïo Espil à Irouléguy, Francia) B
- Chardonnay argentino (Córdoba, Sant'Elmo [Maipu], Argentina) B

16. Setas de Burdeos a la borgoñona
- Monthelie (Monthelie, Domaine de Suremain, Francia) T
- Mâcon (Mâconnais, Château de Chasselas, Francia) T
- Beaune (Colinas de Beaunes, Domaine Tollot-Beaut, Francia) T

17. Setas de Burdeos conservadas en aceite
- Chacolí de Guetaria (Guipúzcoa, Casal de Txakoli, España) B
- Zweigelt (Villány, Villànybor, Hungría) T
- Ladoix (Ladoix-Serrigny/Coteau de Corton, Faiveley, Francia) T

18. Setas al estilo landés
- Côte de-Bourg (cantón de Bourg, Château Haut-Guiraud, Francia) T
- Medoc (Medoc, Château Lafon, Francia) T
- Moulis (Haut-Médoc, Château Maucaillou, Francia) T

19. Champiñones en limosnera
- Cava (Cataluña, Cristina Colomer Bernat, España) B espumoso
- Ycoden rosado (isla de Tenerife, Cueva del Viento, España) R
- Franciacorta (Franciacorta, Domaine Castellano, Italia) B espumoso

20. Champiñones rellenos
- Salice Salentino (Brindisi/lecce, Lomazzi & Sarli, Italia) R
- Tempranillo (Medozina, Bodegas Lurton, Argentina) R
- Marcillac (Aveyron, Cuvée Lairis rouge, Francia) R

21. Costillas de ternera con trufas y vino
- Colli Perugini rosso (Perouse, Goretti, Italia) T
- Graves (Graves, Chateau Laville Haut Brion, Francia) T
- Saint-Emilion (Saint-Emilion, Château de Valandraud, Francia) T

22. Galampernas fritas
- West Australia (Margaret River, Evans & Tate, Australia) B
- Cairanne (Cairanne, Domaine de l'Oratoire, Francia) B
- Vinsobres (Drôme, Domaine Saint-Vincent, Francia) T

23. Calabacines con rebozuelos
- Sancerre (Sancerre, Domaine Pascal et Nicolas Reverdy, Francia) B
- Montescudaio bianco (Pisa, La regola, Italia) B
- Saint-Estèphe (Saint-Estèphe, Château Cos d'Estournel, Francia) R

24. Delicia de tomate con trufa blanca
- Muskateller (Steiermark, Poloz, Austria) B
- Vino de tea (isla de La Palma, Bodega Perdomo, España) T
- Manchuela tinto (provincias de Albacete y Cuenca, Nuestra Señora de la Cabeza, España) T

25. Crepes de setas
- Somontano blanco (provincia de Huesca, Fábregas, España) B
- Jurançon sec (Jurançon, Bordenave à Monein, Francia) B
- Côtes de Bergerac, (Bergerac, Château de Fayolle, Francia) T

26. Empanada de ave y pies azules
- Volnay (Meursaul et Volnay, Domaine Michel Lafarge, Francia) T
- Givry (Givry en Côte Chalonnaise, Didier Erker, Francia) T
- Lacrima di Morro d'Alba (Ancona, Monteschiavo, Italia) T

27. Rodajas de lucio con champiñones
- Colli Lanuvini Rosso (Lago de Nemi, Cantine Silvestri, Italia) B
- Cori (Cori, Carpinetti, Italia) B
- Rioja blanco crianza (La Rioja, Heredia Viña Tondonia, España) B

28. Pava asada con rebozuelos y manzana
- Cigales tinto (provincias de Valladolid y Palencia, César Príncipe, España) T
- Chambolle-Musigny (Chambolle-Musigny, Domaine Amiot-Servelle, Francia) T
- Flagey-Echezaux (Flagey-Echezeaux, GAEC Coqiard-Loison-Fleurot, Francia) T

29. Dorada rellena con champiñones
- Sancerre (Sancerre, Domaine Pascal et Nicolas Reverdy, Francia) B
- Saumur-Champigny (Maine-et-Loire, Clos des Cordeliers, Francia) R
- Irouléguy (Pirine atlántico, Domaine Arretxea, Francia) B

30. Delicia de boletos comestibles con base de patata
- Cigales Tinto (Valladolid y Palencia, César Príncipe, España) R
- La-Clape (Narbona, Domaine de l'Hospitalet en Narbona, Francia) R
- Victoria (Bendino/Great Western/Yara Valley, Jasper Hill Vineyeard, Australia) R

31. Trufas troceadas con flor de sal
- Nuits-Saint-Georges (Côte de Nuits, Hospices de Nuits, Francia) T
- Pomerol (Pomerol, Château Trotanoy, Francia) T
- Riviera Ligure di Ponente Pigato (Savona. Imperia/Gênes, Cascina delle Terre Rosse, Italia) B

32. Faisán al estilo imperial
- Garda Classico Gropello (Brescia, Pasini Produttori, Italia) T
- Aloxe-Corton (Corton/Beaune, Domaine Mataray-Dubreuil, Francia) T
- Vosne-Romanée (Nuits-Saint-Georges/Vougeot, Château de Vosne, Francia) T

33. Hojaldre de hígado de pato con boletos comestibles
- Listrac (Listrac-Médoc, Château Peyredon, Francia) T
- Pomerol (Pomerol, Château Conseillante, Francia) T
- Rioja tinto (La Rioja, Campillo, España) T

34. Filetes de lenguado con trompetas de la muerte
- Colli Piacentini Malvasia (Plaisance, Tore fornello, Italia) B
- Cortese di Gavi (provincia de Alessandra, Castellari Bergaglio, Italia) B
- Sancerre (Sancerre, Domaine Pascal et Nicolas Reverdy, Francia) B

35. Solomillos de ternera con níscalos
- Brunello di Montalcino (provincia de Siena, Domaine val di Cava, Italia) T
- Bairrada (provincia de Beiras, Gonçalves Faria, Portugal) T
- Teran (región de Primorski, Lisjak Boris, Eslovenia) T

36. Setas salteadas
- Saint-Estèphe (Saint-Estèphe, Château Cos d'Estournel, France) R
- Brouilly (Rhône, Gille Aujogue producteur, France) R
- Chiroubles (Chiroubles, Les Rampaux, France) R

37. Capón con morillas a la pepitoria
- Morey-Saint-Denis (Gevrey-Chambertin/Chambolle-Musigny, Domaine Ponsot, Francia) T
- Mercurey (Côte Chalonnaise, Domaine Lorenzon, Francia) T
- Rosé des Riceys (Riceys, Champagne Gallimard père et fils, Francia) R espumoso

38. Tortitas de setas
- Côteaux de Pierrevert (Durance, Château de Rousset, Francia) T
- Patrimonio (Córcega, Domaine Leccia, Francia) T
- Costers del Segre tinto (provincias de Lérida y Tarragona, Monestir del Tallat, España) T

39. Tortitas de patatas con morillas
- Coteaux du Loir (Sarthe et Indre-et-Loire, Christophe Croisard, Francia) R
- Côtes d'Auvergne (Puy-de-Dôme, Coopérative de Veyr-Monton, Francia) R
- Cortese di Gavi (provincia de Alessandra, Castellari Bergaglio, Italia) B

40. Pastel de arroz con trufa
- Sainte-Croix-du-Mont (Sainte-Croix-du-Mont, Château Crabitan-Bellevue, Francia) B licoroso
- Barsac (Barsac, Château de Rolland, Francia) B licoroso
- Oltrepo Pavese Sangue du Guida (Provincia de Pavia, Domaine La Costa, Italia) T espumoso

41. Rebozuelos al estilo normando
- Saint Romain (Côte de Beaune, Bernard Martenot, Francia) T
- Saumur-Champigny (Maine y Loira, Clos des Cordeliers, Francia) T
- Coteaux du Loir (Sarthe y Indre y Loira, Christophe Croisard, Francia) T

42. Helado de trufas
- Ciro bianco (Calabria, Caparra é Siciliani, Italia) B
- Loupiac (Loupiac, Château Peyruchet, Francia) B
- Macvin du Jura (Jura, Domaine de Montbourgeau, Francia) B

43. Ñoquis con morillas
- Salice Salentino (Brindisi/Lecce, Lomazzi & Sarli, Italia) T
- Montescudaio bianco (Pisa, La Regola, Italia) B
- Cannonau di Sardegna (Cerdeña, Cantina Soc. Della Texenta, Italia) T

44. *Gougère* con setas de primavera
- Colli Bolognesi Merlo (Bolonia, Domaine Bonzara, Italia) T
- Tempranillo (Medozina, Bodegas Lurton, Argentina) T
- Marcillac (Aveyron, Cuvée Lairis rouge, Francia) T

45. Macarrones gratinados con trufas
- Salice Salentino (Brindisi/Lecce, Lomazzi & Sarli, Italia) T
- Montescudaio bianco (Pisa, La Regola, Italia) B
- Cannonau di Sardegna (Cerdeña, Cantina Soc. Della Texenta, Italia) T

46. Gratén de puerros con brisura de trufa
- Rasteau (Côtes-du-Rhône, Domaine de la Soumade, Domaine des Nymphes du Grand Jas, Francia) T
- Marsannay (Dijon, Domaine Huguenot, Francia) B
- Champagne (Vindrey, Pierre Peligry, Francia) B espumoso

47. Fricandó de ternera con champiñones, salsa de tomate y albahaca
- Saint-Estèphe (Saint-Estèphe, Château Cos d'Estournel, Francia) T
- Brouilly (Ródano, Gille Aujogue producteur, Francia) T
- Chiroubles (Chiroubles, Les Rampaux, Francia) T

48. Parrillada de verduras con jamón y trufa
- Bugey (Bugey y región, François Grinand, Francia) T
- Premières-Côtes-de-Blaye (Blayais, La Cassagne Boutet, Francia) T
- Margaux (Margaux/Vantenac/Labarde/Arsac, Château Dufort-Vivens, Francia) T

49. Judías verdes, rebozuelos y filetes de pato
- Chianti colli fiorentini (Toscana, le Querce, Italia) R
- Pomerol (Pomerol, Château Conseillante, Francia) R
- Saint-Emilion (Saint-Emilion, Château de Valandraud, Francia) R

50. Níscalos y legumbres con alioli
- Montavel (Montavel, Château Le Raz, Francia) R
- Victoria (Bendino/Great Western/Yara Valley, Jasper Hill Vineyeard, Australia) T
- Jumilla Monastrell (provincia de Albacete, Región de Murcia, Nuestra Señora de la Encarnación, España), T

51. Lasaña forestal
- Colli du Faenza rosso (provincia de Forli, La Berta, Italia) T
- Colli Orientali del Friuli Ribolla Gialla (provincia de Udine, Zof, Italia) B
- Chianti Colli Fiorentini (Toscana, Le Querce, Italia) T

52. Medallones de ternera con rebozuelos
- Trentino Pinot nero (provincia de Trento, Pojer & Sandri, Italia) T
- Valpolicella (valle de Valopolicella, Domaines Galtarossa, Italia) B
- Château-Chalon (Jura, Domaine de Montbourgeau, Francia) B

53. Milhojas de *foie gras* a la trufa
- Ribatejo (Alentejo/Extremadura, Quinta do Lagoava, Portugal) T
- Anjou-Gamay (Anjou, Domaine de Brize, Francia) T
- La-Clape (Narbonnais, Domaine de l'Hospitalet en Narbona, Francia) T

54. Muserones a la provenzal
- Minervois (Minervois, Château de Maris à La Livinière, Francia) T
- Valréas (Vaucluse, Domaine de Lumian, Francia) R
- Saint-Maurice (Drôme, Francia) R

55. *Nems* con champiñones negros
- Palette (Aix-en-Provence, Domaine Château Simone, Francia) T
- Juanico (Montevideo, Establecimiento Juanico, Uruguay) B
- Château Musar (Valle de la Beeka, Château Musar, Líbano) B

56. Vieiras con pleurotos y puerros
- Muscadet Côte-de-Grandlieu (Loira Atlántico, Domaine Les coins, Francia) B
- Saale-Unstrut (viñedos de Schlossber, Ruthe et Mönchberg, Weinzergenossenschaft Durrenzirmenn, Alemania) B
- Collio Malvasia (región del Judrio, Villa Rissiz et Raccaro, Italia) B

57. Huevos escalfados con puré de trufa
- Ladoix (Ladoix-Serrigny, Faiveley, Francia) R
- Montsant tinto (provincia de Tarragona, Celler de Capçanes, España) T
- Agiorgitiko (Peloponeso, Gaia Estate [Notios], Grecia) T

58. Huevos pasados por agua al perfume de trufa
- Colli di Luni rosso (Liguria/Toscana, La Pietra del Focolare, Italia) T
- Valcalepio rosso (lago Iseo/provincia de Bergamo, Castello di Grumello, Italia) T
- Lacrima di Morro d'Alba (Ancona, Monteschaivo, Italia) T

59. Huevos revueltos con trompetas de la muerte
- Œil-de-Perdrix (Valais/Vaud/Neufchâtel, Widmer & Fils à Bursinel, Suiza) R
- Côtes d'Auvergne (Puy-de-Dôme, Coopérative de Veyr-Monton, Francia) T
- Madiran (Mont-de-Marsan, Château Montus, Francia) T

60. Cazoletas de huevos con champiñones
- Rouge de Montmorency (Quebec) R
- Copertino Rosso (provincia de Lecce, Casa Vinicola Apollino, Italia) R
- Condado Viejo (provincia de Huelva, Iglesias, España) R

61. Revuelto de trufa
- Arbois-Pupillin (Jura, Cellier Saint-Benoit à Pupillin, Francia) T
- Chassagne-Montrachet (Chassagne-Montrachet/Remigny, Bouzereau, Francia) B
- Côte-de-Beaune (costa de Beaune, Domaine Tollot-Beaut, Francia) F

62. Huevos pasados por agua con puré de trufa
- Alsace-Pinot-Noir (Alsacia, Maurer à Eichhoffen, Francia) B
- Chiroubles (Chiroubles, Les Rampaux, Francia), T
- Pinot noir (Yarra Valey, Diamond Valley Vineyards, Australia) T

63. Farra con rebozuelos
- Colli Lanuvini Rosso (lago de Nemi, Cantine Silvestri, Italia) B
- Cori (Cori, Carpinetti, Italia) B
- Rioja blanco crianza (La Rioja, Heredia Viña Tondonia, España) B

64. Tortillas con trufa
- Alto Adige Santa Maddalena (Bolzano.Renom/Cornedo, Santa Maddalena, Italia) T
- Cesane del Piglio (Piglio, Cantine Ciolli, Italia) T
- Elbing (Moselle luxembourgeoise, Grevenmacher, Luxemburgo) B

65. Osobuco con setas
- Pomerol (Pomerol, La Conseillante, Francia) T
- Pommard (Côte de Beaune, Domaine Cyrot-Buthiau, Francia) T
- Empordà tinto (provincia de Gerona, Pere Guardiola y Vinyes dels Aspres, España) T

66. Torrijas con trufas
- Saumur Brut (Maine y Loira, Château de la Durandière, Francia) B espumoso
- Trente (Trento, Cesarini Sforza, Italia) B espumoso
- Crémant de Loire (Cheverny/Saumur, Château de la Roche en Cheillé, Francia) B espumoso

67. *Parfait* de hígado de ave con trufa
- Garda Classico Gropello (Brescia, Pasini produttori, Italia) T
- Rioja tinto (La Rioja, Campillo, España) T
- Saint-Maurice (Drôme, Francia) T

68. Paté de pato trufado con *foie gras*
- Chiroubles (Chiroubles, Les Rampaux, Francia) T
- Moulis (Haut-Médoc, Château Maucaillou, Francia) T
- Cabernet sauvignon de Nueva Zelanda (NZ, Coopers Creek, Nueva Zelanda) T

69. Paté de hígado de ave con boletos comestibles
- Ribatejo (Alentejo/Extremadura, Quinta do Lagoava, Portugal) T
- Anjou-Gamay (Anjou, Domaine de Brize, Francia) T
- La-Clape (Narbonnais, Domaine de l'Hospitalet en Narbona, Francia) T

70. Pulpetas de champiñones
- Pomerol (Pomerol, Château Trotanoy, Francia) T
- Sancerre (Sancerre, Domaine Pascal et Nicolas Reverdy, Francia) B
- Montescudaio bianco (Pisa, La Regola, Italia) B

71. *Petit brie* trufado
- Côtes de Bergerac (Bergerac, Château de Fayolle, Francia) T
- Marcillac (Aveyron, Cuvée Lairis rouge, Francia) T
- Cannonau di Sardegna (Cerdeña, Cantina Soc. Della Texenta, Italia) T

72. Pequeña fritura forestal
- Saint-Estèphe (Saint-Estèphe, Château Cos d'Estournel, Francia) T
- Brouilly (Ródano, Gille Aujogue producteur, Francia) T
- Chiroubles (Chiroubles, Les Rampaux, Francia) T

73. Pezizas con Cointreau
- Cava (Cataluña, Cristina Colomer Bernat, España) B espumoso
- Ycoden rosado (isla de Tenerife, Cueva del Viento, España) R
- Franciacorta (Franciacorta, Domaine Castellano, Italia) B espumoso

74. Pizza de champiñones
- Madiran (Mont-de-Marsan, Château Montus, Francia) T
- Cabernet sauvignon de Nueva Zelanda (NZ, Coopers Creek, Nueva Zelanda) T
- Ycoden rosado (isla de Tenerife, Cueva del Viento, España) R

75. Pleurotos empanados
- Morey-Saint-Denis (Gevrey-Chambertin/Chambolle-musigny, Domaine Ponsot, Francia) R
- Rosé des Riceys (Riceys, Champagne Gallimard padre e hijos, Francia) Rosado espumoso
- Costers del segre tinto (provincias de Lérida y de Tarragona, Monestir del Tallat, España) R

76. Patatas con trufas
- Givry (Givry, Côte Chalonnais, Didier Erker, Francia) T
- Zweigelt (Villány, Villànybor, Hungría) T
- Chianti colli fiorentini (Toscana, Le Querce, Italia) T

77. Crema de verdura con trufa
- Colli du Imola rosso (región de Imola, Tre Monti, Italia) T
- Navarra rosado (Navarra, Príncipe de Viana, España) R
- Pouilly-Vinzelles (Vinzelles, Domaine de la Sourfrandière, Francia) B

78. Cocido de capón con trufa
- Cigales tinto (Valladolid y Palencia, César Principe, España) T
- Garda Classico Gropello (Brescia, Pasini produttori, Italia) T
- Aloxe-Corton (Corton/Beaune, Domaine Mataray-Dubreuil, Francia) T

79. Champiñones al estilo griego
- Cava (Cataluña, Cristina Colomer Bernat, España) B espumoso
- Ycoden rosado (isla de Tenerife, Cueva del Viento, España) R
- Franciacorta (Franciacorta, Domaine Castellano, Italia) B espumoso

80. Puré de setas
- Salice Salentino (Brindisi/Lecce, Lomazzi & Sarli, Italia) T
- Colli Perugini rosso (Perouse, Goretti, Italia) T
- Coteaux du Loir (Sarthe y Indre y Loira, Christophe Croisard, Francia) T

81. Puré de bejines lilacinos
- Côtes d'Auvergne (Puy-de-Dôme, Coopérative de Veyr-Monton, Francia) T
- Cortese di Gavi (Provincia de Alessandra, Castellari Bergaglio, Italia) B
- Côteaux de Pierrevert (Durance, Château de Rousset, Francia) T

82. Albóndigas de setas
- Saint-Aubin (Borgoña, Gilles Bouton, Francia) T
- Rousette du Bugey (Jura, François Grinand, Francia) T
- Viognier (Monte Carmelo, Shomron, Israel) T

83. Albóndigas de salmón y trompetas de la muerte
- Cori (Cori, Carpinetti, Italia) B
- Sancerre (Sancerre, Domaine Pascal et Nicolas Reverdy, Francia) B
- Saumur-Champigny (Maine y Loira, Clos des Cordeliers, Francia) T

84. Quiche de champiñones
- Rasteau (Côtes-du-Rhône, Domaine de la Soumade y Domaine des Nymphes du Grand Jas, Francia) T
- Marsannay (Dijon, Domaine Huguenot, Francia) B
- Champagne (Vindrey, Pierre Peligry, Francia) B espumoso

85. Guiso de codornices y liebre con champiñones y uvas
- Volnay (Meursaul et Volnay, Domaine Michel Lafarge, Francia) T
- Givry (Givry, Côte Chalonnaise, Didier Erker, Francia) T
- Lacrima di Morro d'Alba (Ancone, Monteschiavo, Italia) T

86. Raviolis de trufas con *foie gras*
- Sauternes (Sauternes, Château Lafaurie-Peyraguey, Francia) B
- Pomerol (Pomerol, Château Conseillante, Francia) T
- Rioja tinto (La Rioja, Campillo, España) R

87. Raviolis y escalope de ave con trufas
- Rossese di dolceacqua (provincia de Imperia, Maudino Cane, Italia) T
- Sant'Antimo Rosso (territorio de Sant'Antimo y Montalcino, Il paradiso di Frassina, Italia) T
- Marcillac (Aveyron, Domaine Laurens-Clairveaux d'Aveyron, Francia) T

88. Raviolis trufados con tres quesos
- Riviera Ligure di Ponente Pigato (Savona.Imperia/Gênes, Cascina delle terre Rosse, Italia) B
- Cairanne (Cairanne, Domaine de l'Oratoire, Francia) B
- Cannonau di Sardegna (Cerdeña, Cantina Soc. Della Texenta, Italia) T

89. Raviolis a la forestal
- Colli du Faenza rosso (provincia de Forli, La Berta, Italia) T
- Colli Orientali del Friuli Ribolla Gialla (provincia de Udine, Zof, Italia) B
- Chianti Colli Fiorentini (Toscana, Le Querce, Italia) T

90. *Risotto* con setas
- Garda Merlot (provincia de Brescia, La Prendina, Italia) T
- Castelli Romani rosso (provincia de Roma, Gotto d'Oro, Italia) T
- Botticino (Breccia/Botticino/Rezzato, Antica Tesa, Italia) T

91. *Risotto* con trufas
- Garda Merlot (provincia de Brescia, La Prendina, Italia) T
- Castelli Romani rosso (provincia de Roma, Gotto d'Oro, Italia) T
- Botticino (Breccia/Botticino/Rezzato, Antica Tesa, Italia) T

92. Bacalao fresco con champiñones a la provenzal
- Ciro Bianco (Calabria, Caparra y Sicilia, Italia) B
- Macvin du jura (Jura, Domaine de Montbourgeau, Francia) B
- Colli orientali del Friuli Ribollla Gialla (provincia de Udine, Zof, Italia) B

93. Rollitos con trufa
- Garda Classico Gropello (Brescia, Pasini produttori, Italia) T
- Sancerre (Sancerre, Domaine Pascal et Nicolas Reverdy, Francia) B
- Patrimonio (Córcega, Domaine Leccia, Francia) T

94. Vieiras al estilo forestal
- Loupiac (Loupiac, Château Peyruchet, Francia) B
- Cortese di Gavi (Provincia de Alessandra, Castellari Bergaglio, Italia) B
- Juanico (Montevideo, Establecimiento Juanico, Uruguay) B

95. Vieiras con mantequilla de trufa
- Jurançon Sec (Jurançon, Bordenave à Monein, Francia) B
- West Australia (Margaret River, Evans & Tate, Australia) B
- Cortese di Gavi (provincia de Alessandra, Castellari Bergaglio, Italia) B

96. Ensalada con trufa
- Valréas (Vaucluse, Domaine de Lumian, Francia) R
- Teran (región de Primorski, Lisjak Boris, Eslovenia) T
- Medoc (Medoc, Château Lafon, Francia) T

97. Ensalada de oronjas y boletos comestibles
- Alsace-Muscat (Alsacia, J. P. Durler à Bergohltz, Francia) B
- Condado Viejo (provincia de Huelva, Iglesias, España) T
- Rouge de Montmorency (Quebec) T

98. Ensalada de matacandiles
- Valréas (Vaucluse, Domaine de Lumian, Francia) R
- Teran (Región de Primorski, Lisjak Boris, Eslovenia) T
- Medoc (Medoc, Château Lafon, Francia) T

99. Ensalada de rebozuelos
- Salice Salentino (Brindisi/Lecce, Lomazzi & Sarli, Italia) T
- Montescudaio bianco (Pisa, La regola, Italia) B
- Cannonau di Sardegna (Cerdeña, Cantina Soc. Della Texenta, Italia) T

100. Ensalada de rape con mantequilla de trufa
- Cori (Cori, Carpinetti, Italia) B
- Sancerre (Sancerre, Domaine Pascal et Nicolas Reverdy, Francia) B
- Saumur-Champigny (Maine y Loira, Clos des Cordeliers, Francia) T

101. Ensalada forestal de salmonetes
- Cori (Cori, Carpinetti, Italia) B
- Sancerre (Sancerre, Domaine Pascal et Nicolas Reverdy, Francia) B
- Saumur-Champigny (Maine y Loira, Clos des Cordeliers, Francia) T

102. Ensalada de trufas negras
- Montavel (Montavel, Château Le Raz, Francia) R

- Saint Romain (costa de Beaune, Bernard Martenot, Francia) T
- Œil-de-Perdrix (Valais/Vaud/Neufchâtel, Widmer & Fils en Bursinel, Suiza) R

103. Ensalada forestal de espinacas
- Rossese di Dolceacqua (provincia de Imperia, Maudino Cane, Italia) T
- Sant'Antimo Rosso (territorio de Sant'Antimo y de Montalcino, Il paradiso di Frassina, Italia) T
- Marcillac (Aveyron, Domaine Laurens-Clairveaux d'Aveyron, Francia) T

104. Ensalada marinera con pies azules
- Cairanne (Cairanne, Domaine Delubac, Francia) B
- Irouléguy (Pirineos atlánticos, Domaine Arretxea, Francia) B
- Friuli isonzo pinot Grigio (provincias de Goeizia y Udine, Borgo san Daniele, Italia) B

105. Ensalada variada con trufa
- Tempranillo (Medozina, Bodegas Lurton, Argentina) T
- Saale-Unstrut (viñedos de Schlossber, Ruthe et Mönchberg, Weinzergenossenschaft Durrenzirmenn, Alemania) B
- Valréas (Vaucluse, Domaine de Lumian, Francia) R

106. Salteado de conejo con setas
- Trentino Pinot Nero (provincia de Trento, Pojer & Sandri, Italia) T
- Valpolicella (valle de Valopolicella, Domaines Galtarossa, Italia) B
- Château-Chalon (Jura, Domaine de Montbourgeau, Francia) B

107. Suflé de pies azules
- Riviera Ligure di Ponente Pigato (Savona.Imperia/Gênes, Cascina delle terre Rosse, Italia) B
- Cairanne (Cairanne, Domaine de l'Oratoire, Francia) B
- Cannonau di Sardegna (Cerdeña, Cantina Soc. Della Texenta, Italia) T

108. Sopa forestal con trufa y raviolis
- Cigales tinto (provincias de Valladolid y Palencia, César Príncipe, España) T
- Lacrima di Morro d'Alba (Ancona, Monteschiavo, Italia) T
- Mercurey (Côte Chalonnaise, Domaine Lorenzon, Francia) T

109. Sopa toscana de champiñones
- Cigales tinto (Valladolid y Palencia, César Príncipe, España) T
- Lacrima di Morro d'Alba (Ancona, Monteschiavo, Italia) T
- Mercurey (Côte Chalonnaise, Domaine Lorenzon, Francia) T

110. Suprema de pollo con rebozuelos
- Cigales tinto (Valladolid y Palencia, César Príncipe, España) T

- Garda classico Gropello (Brescia, Pasini produttori, Italia) T
- Aloxe-Corton (Corton/Beaune, Domaine Mataray-Dubreuil, Francia) T

111. Tallarines con armillarias color de miel
- Rossese di Dolceacqua (provincia de Imperia, Maudino Cane, Italia) T
- Sant'Antimo rosso (territorio de Sant'Antimo y Montalcino, Il paradiso di Frassina, Italia) T
- Marcillac (Aveyron, Domaine Laurens-Clairveaux d'Aveyron, Francia) T

112. Tarta forestal
- Salice Salentino (Brindisi/Lecce, Lomazzi & Sarli, Italia) T
- Montescudaio bianco (Pisa, La Regola, Italia) B
- Cannonau di Sardegna (Cerdeña, Cantina Soc. Della Texenta, Italia) T

113. Hígado de ganso con setas silvestres
- Colli Orientali del Friuli Ribolla Gialla (provincia de Udine, Zof, Italia) B
- Somontano blanco (provincia de Huesca, Fábregas, España) B
- Pomerol (Pomerol, Château Trotanoy, Francia) T

114. Rebanadas de pan con champiñones
- Muscadet Côte-de-Grandlieu (Loira atlántico, Domaine Les coins, Francia) B
- Rioja blanco crianza (Rioja, Heredia Viña Tondonia, España) B
- Coteaux du Loir (Sarthe et Indre-et-Loire, Christophe Croisard, Francia) R

115. Tostadas gratinadas con trufa
- Graves (Graves, Château Magence, Francia) T
- Fronsac (Fronsadais, Château Villars, Francia) T
- Puisseguin-Saint-Emilion (Saint-Emilion, Château des Laurets, Francia) T

116. Rebanadas escandinavas con champiñones
- Collio Malvasia (región de Judrio, Villa Rissiz et Raccaro, Italia) B
- Marsannay (Dijon, Domaine Huguenot, Francia) B
- Sancerre (Sancerre, Domaine Pascal y Nicolas Reverdy, Francia) B

117. *Tournedó* con trufa
- Pomerol (Pomerol, La Conseillante, Francia) T
- Pommard (Costa de Beaune, Domaine Cyrot-Buthiau, Francia) T
- Empordà Tinto (provincia de Gerona, Pere Guardiola y Vinyes dels Aspres, España) T

118. Pastel de hojaldre con trufas y *foie gras*
- Colli Orientali del Friuli Ribolla Gialla (provincia de Udine, Zof, Italia) B
- Somontano blanco (provincia de Huesca, Fábregas, España) B
- Pomerol (Pomerol, Château Trotanoy, Francia) T

119. Pastel de salmón y champiñones
- Œil-de-Perdrix (Valais/Vaud/Neufchâtel, Widmer & Fils à Bursinel, Suiza) R
- Viognier (Carmel Mountain, Shomron, Israel) R
- Cava (Cataluña, Cristina Colomer Bernat, España) B espumoso

120. Trufa con corteza de pan
- Rioja blanco crianza (La Rioja, Heredia Viña Tondonia, España) B
- Bairrada (provincia de Beiras, Gonçalves Faria, Portugal) T
- Chambolle-Musigny (Chambolle-Musigny, Domaine Amiot-Servelle, Francia) T

121. Trufas con sal
- Rioja tinto (La Rioja, Campillo, España) T
- Bairrada (provincia de Beiras, Gonçalves Faria, Portugal) T
- Muller-Thurgau (cantones de Basilea y Berna, Suiza) B

122. Trufas hojaldradas
- Pomerol (Pomerol, Château Trotanoy, Francia) T
- Sancerre (Sancerre, Domaine Pascal et Nicolas Reverdy, Francia) B
- Montescudaio bianco (Pisa, La Regola, Italia) B

123. Truchas con mantequilla de trufa
- Cairanne (Cairanne, Domaine Delubac, Francia) B
- Irouléguy (Pirineos atlánticos, Domaine Arretxea, Francia) B
- Friuli isonzo pinot Grigio (provincias de Goeizia y Udine, Borgo san Daniele, Italia) B

124. Crema de boletos comestibles
- Saint-Estèphe (Saint-Estèphe, Château Cos d'Estournel, Francia) T
- Brouilly (Ródano, Gille Aujogue producteur, Francia) T
- Chiroubles (Chiroubles, Les Rampaux, Francia) T

125. Crema de champiñones con ostras
- Teran (región de Primorski, Lisjak Boris, Eslovenia) R
- Salice Salentino (Brindisi/lecce, Lomazzi & Sarli, Italia) R
- Bourgueil (Tourraine, La Croix du moulin neuf, Francia) R

126. Crema de pleurotos
- Cabernet sauvignon de Nueva Zelanda (NZ, Coopers Creek, Nueva Zelanda) T
- Muller-Thurgau (cantones de Bailea y Berna, Suiza) B
- Bourgueil (Tourraine, La Croix du moulin neuf, Francia) T

127. Volován con morillas
- Cava (Cataluña, Cristina Colomer Bernat, España) B espumoso
- Ycoden rosado (isla de Tenerife, Cueva del Viento, España) R
- Franciacorta (Franciacorta, Domaine Castellano, Italia) B espumoso

RECETAS

1. Suflé de oronjas

Ingredientes para 4 personas
*250 g de oronjas
(Amanita caesaria)
25 g de mantequilla
4 cucharadas soperas de nata
4 huevos
2 cucharadas soperas
de parmesano o gruyer rallado
nuez moscada
aceite
pimienta y sal*

Limpie bien las setas, sin pasarlas por agua (sólo quíteles la tierra). Corte los ejemplares más grandes en trozos. Rehóguelos a fuego lento en una sartén con un poquito de aceite hasta que ya no quede agua de las setas. Sazone y reparta las oronjas en cuatro recipientes individuales medianos. Espolvoree la nuez moscada por encima.

En un bol grande, bata los huevos junto con la nata. Sazone. Vierta un poco de esta mezcla en cada recipiente sobre las setas. Espolvoree parmesano o gruyer rallado, reparta la mantequilla y póngalos en el horno a 160 ºC (termostato 5-6) durante 15 o 20 minutos (los huevos tienen que cuajarse bien).

Sírvalo caliente.

2. Oronjas flambeadas

Ingredientes para 4 personas
16 oronjas
0,5 l de leche
1 vasito de ron
125 g de azúcar en polvo
aceite de oliva virgen extra

Limpie bien las setas (sin pasarlas por agua, sólo quitándoles la tierra) y conserve solamente los sombreros.

Ponga a calentar la leche y la mitad del azúcar en una cazuela; deje que hierva y escalde las setas durante 5 minutos; escúrralas bien.

Ponga aceite en una sartén grande y dore a fuego lento las oronjas manipulándolas con cuidado. Póngalas en una bandeja para horno, espolvoree el resto del azúcar y hornee a 210 ºC durante 5 minutos. Retire la bandeja del horno y flambee las oronjas con el ron, previamente calentado. Sirva en seguida.

3. Berenjenas rellenas con champiñones

Ingredientes para 4 personas
4 berenjenas
1 kg de champiñones cultivados frescos
200 g de carne picada
1 yema de huevo
2 cebollas
2 dientes de ajo
4 cucharadas soperas de aceite de oliva virgen extra
perejil picado
sal y pimienta

Corte la parte arenosa del pie de los champiñones y lávelos. Escúrralos bien, trocéelos si son grandes o déjelos enteros si son pequeños.

Corte las berenjenas por la mitad, a lo largo, vacíelas y colóquelas en una bandeja para horno. Riéguelas con el aceite de oliva y hornéelas durante 10 minutos.

Prepare el relleno con la carne picada, los champiñones, la pulpa de las berenjenas, la yema de huevo, la sal y la pimienta. Rehóguelo en una sartén con aceite de oliva. Reparta el relleno entre las berenjenas.

Vuelva a poner la bandeja en el horno y hornee 15 minutos. Cuando las saque, esparza por encima perejil picado.

4. Buñuelos de champiñones

Ingredientes para 4 personas
1 ajo chalote
1 cebolla pequeña
10 cl de leche
200 g de harina
250 g de champiñones cultivados
4 huevos
aceite de oliva virgen extra
sal y pimienta

Limpie los champiñones y córtelos en láminas.

Para preparar la pasta de los buñuelos bata los huevos y añádales la harina y la leche. Sazónelos. Incorpore luego los champiñones, la cebolla y el ajo chalote, cortados muy finos. Mezcle bien.

En una sartén, ponga aceite hasta aproximadamente 1,5 cm de altura y espere a que esté muy caliente, pero sin que llegue a humear. Ponga cucharadas de masa y fría los buñuelos hasta que estén bien dorados por todas partes. Escúrralos y póngalos sobre un papel absorbente. Sírvalos en seguida.

5. *Beuchelle* de Turena

Ingredientes para 6 personas
2 mollejas
2 riñones de ternera
600 g de boletos comestibles
250 g de nata
50 g de parmesano
mantequilla
harina
aceite de oliva virgen extra
sal y pimienta

Ponga las mollejas en un bol lleno de agua fría durante 5 horas y deje que se limpien bien, cambiando el agua cada hora. Escúrralas y séquelas con papel absorbente. Póngalas en una cazuela, cúbralas con agua fría y deje que arranque el hervor. Sálelas y hiérvalas unos 10 minutos. Retírelas de la cazuela y sumérjalas en agua fría para que se endurezcan. Escúrralas y deje que se enfríen antes de secarlas con papel absorbente. Córtelas en rodajas de 1 o 2 cm de grosor. Enharínelas y resérvelas.

Elimine la grase y las partes blancas del centro de los riñones; trocéelos en cuatro partes, a lo largo, y córtelos en láminas finas. Enharínelas y fríalas a fuego fuerte en una sartén con aceite durante 5 minutos. Sazónelas y resérvelas. Fría también las rodajas de molleja enharinadas, salpimiéntelas y resérvelas.

Elimine los pies de los boletos comestibles; limpie los sombreros y córtelos en láminas finas. Ponga aceite en una sartén y dore las láminas hasta que no quede agua de las setas. Salpimiente, añada la nata y deje que reduzca. Incorpore entonces las mollejas y los riñones, y remueva con suavidad.

Vierta el preparado en una bandeja para horno ligeramente untada con mantequilla, espolvoree con parmesano y gratine durante unos minutos. Sirva muy caliente.

6. Mantequilla de trufa

Ingredientes
250 g de mantequilla
32 g de trufa negra

Ralle la trufa. Corte la mantequilla fría en láminas. Disponga en un plato hondo la mantequilla y las trufas, alternándolas para que el aroma se difunda bien.

Cubra el plato con film transparente y deje reposar durante al menos 2 horas.

A continuación, con la ayuda de un tenedor, mezcle bien la mantequilla y la trufa. Vierta la mezcla en un recipiente hermético (o cúbrala con film transparente) y déjela refrigerar en la nevera durante medio día como mínimo.

Esta receta puede prepararse tanto con trufa negra como con trufa blanca. Para economizar, puede utilizar ralladura de trufa (se vende en tarro) o unas gotas de aceite de trufa, pero el sabor no será tan intenso.

Esta base se puede usar de diversas formas: es un acompañamiento perfecto para la pasta fresca o las patatas al horno con piel; también puede servirse con pan tostado salpimentado con flor de sal.

La mantequilla de trufa se puede congelar sin que pierda propiedades durante varios meses. En este caso, es aconsejable preparar un cilindro con la mantequilla y envolverlo en film transparente.

7. *Blinis* con boletos comestibles y vieiras

Ingredientes para 4 personas
4 blinis
4 boletos comestibles
12 vieiras
2 ajos chalotes y 1 diente de ajo
1 manojo de perejil
1 vaso de vino blanco seco
1 bolsita de pan rallado
aceite de girasol y mantequilla
sal y pimienta

Elimine la parte arenosa de los pies de las setas y córtelas en rodajas de medio centímetro de grosor. Saltéelas unos 5 minutos a fuego fuerte en aceite de girasol. Salpimiente.

Rehogue las vieiras 5 minutos en una sartén a fuego medio con la mantequilla y el vino blanco. A continuación, pique bien los ajos chalotes y un manojo de perejil, y espárzalos sobre los boletos. Corte en dos el diente de ajo y frótelo sobre los blinis. Guarnezca los blinis con las setas y las vieiras. Espolvoree pan rallado y dore en la parrilla durante 5 minutos.

Los blinis son crepes pequeñas y gruesas. A continuación, se ofrece la receta básica para elaborar pasta fresca.

Pasta fresca: ingredientes para 500 g de pasta: *400 g de harina; 4 huevos frescos; una pizca de sal*

Mezcle los ingredientes en un bol y amáselos con las manos sobre una superficie enharinada, durante unos 10 minutos, hasta obtener una consistencia ligera y elástica; cubra la pasta con un paño y deje que repose media hora. Extiéndala luego con un rodillo hasta obtener un grosor de 2 mm. Para pastas rellenas, como raviolis, corte la pasta y rellénela sin esperar a que se seque; en cambio, para tallarines o lasañas debe dejar secar la masa al aire libre durante media hora antes de moldearla.

8. Brioches con salsa Mornay y trufa

Ingredientes para 6 personas
25 cl de leche
50 g de mantequilla
30 g de harina
60 g de gruyer rallado
1 yema de huevo
50 g de trufas frescas o en conserva
media lata de quenelles de lucio al natural
6 brioches
sal y pimienta

Prepare una bechamel con la harina y la mantequilla: en un cazo derrita la mantequilla y añada la harina; mezcle bien y deje que espume unos instantes, pero no permita que coja color. Vaya añadiendo la leche poco a poco sin dejar de remover, para evitar que se formen grumos. Siga removiendo hasta que empiece a hervir y entonces deje reposar la mezcla durante unos instantes. A continuación, añada el gruyer rallado y la yema de huevo.

Corte la trufas en dados pequeños (reserve seis rodajas finas para decorar) y las *quenelles* en rodajas. Mézclelos con la bechamel, pero reserve un poco de salsa para decorar. Deje enfriar la preparación durante media hora.

Parta los brioches por la mitad longitudinalmente y rellénelos con la preparación de trufa. Hornéelos durante 10 minutos a temperatura suave. Decore cada brioche con una rodaja de trufa y un poco de salsa.

9. Brochetas de rape, pimientos y champiñones

Ingredientes para 4 personas
600-700 g de rape (peso neto)
5 calabacines
500 g de champiñones cultivados pequeños
1 cucharada de queso blanco de 0 % de materia grasa
1 manojo de cebolletas
1 pimiento verde pequeño
1 pimiento rojo pequeño
zumo de limón
perifollo
sal y pimienta
gambas y ramilletes aromáticos para decorar

Lave y corte los calabacines en rodajas, y póngalos a hervir en una olla a presión. Sálelos. Limpie los champiñones y córtelos en láminas. Póngalos a hervir en un poco de agua con zumo de limón. Reserve 16 champiñones para las brochetas. Corte los pimientos en dados grandes. Escáldelos en agua 2 o 3 minutos. Trocee el rape y sofríalo en una sartén para que suelte el agua. Salpimiente.

Prepare las brochetas intercalando los champiñones, el rape y los pimientos, áselas 5 minutos al horno o en una plancha.

Bata la mitad de los calabacines con las cebolletas; añada una cucharada de queso blanco y, si es necesario, rectifique la sal. Ponga la crema en una cazuela y redúzcala a fuego fuerte.

Disponga en el centro de un plato la crema, junto con los calabacines en rodajas y los champiñones. Ponga encima las brochetas, espolvoree con perifollo y decore con gambas y hierbas.

10. Codornices con champiñones y pasas

Ingredientes para 4 personas
4 codornices envueltas en tocino
1 kg de champiñones cultivados
1 bolsa grande de pasas de Corinto
1 vaso de armañac o similar
50 g de mantequilla
perejil picado
aceite de oliva virgen extra
sal y pimienta

Lave los champiñones y deje que suelten el agua en la sartén o el horno durante 5 minutos. Añada la mantequilla y déjelos dorar. Salpimiéntelos.

En una cazuela rehogue las codornices en aceite. Cuando estén doradas, flambéelas con el aguardiente y déjelas cocinar durante 20 minutos. Por último, añada las pasas, que previamente habrá dejado inflarse en un tazón con agua tibia.

Sirva las codornices rodeadas de champiñones y adornadas con perejil picado.

11. *Cappellacci* con boletos comestibles

Ingredientes para 4 personas
300 g de pasta preparada según la receta base (véase pág. 36)
200 g de boletos comestibles
1 diente de ajo
100 g de carne picada
2 cucharadas soperas de gruyer rallado
2 cucharadas soperas de nata espesa
perejil picado, cebolleta troceada y avellanas picadas finas
nuez moscada
vino blanco seco
aceite de oliva virgen extra
sal y pimienta

Limpie los boletos, elimine la mitad de los pies y pique la otra mitad; corte los sombreros en láminas finas y resérvelos. Rehogue la carne picada 5 minutos en aceite. Amásela en un bol con los pies picados de los boletos, una cucharada sopera de perejil, otra de cebolleta, otra de avellanas, el gruyer, la nata, un poco de nuez moscada picada, sal y pimienta.

Para los cappellacci: corte cuadrados de masa de unos 8 cm de lado. Ponga en cada cuadrado una cucharadita del relleno y dóblelos en diagonal. Apriete los bordes con los dedos. Enrolle cada triángulo desde la base hacia la punta, para formar una especie de tubo, y junte las dos extremidades formando una anilla (el resultado final se parece a un anillo cuyo engaste estaría compuesto por la parte gruesa que contiene el relleno). Hierva los cappellacci en agua salada 8 minutos.

Para la salsa: rehogue las láminas de los boletos en aceite 10 minutos. Añada el ajo picado e incorpore medio vaso de vino blanco y deje que se evapore a fuego fuerte. Espolvoree con perejil. Mezcle los cappellacci con la salsa y sirva.

12. Cardos gratinados con trufas

Ingredientes para 4 personas
1 cardo
1 limón
100 g de mantequilla
40 g de harina
0,5 l de leche
50 g de trufas
sal y pimienta

Retire las hojas, los pinchos y las hebras del cardo; frótelo con un trapo para eliminar la capa vellosa que recubre los costados y córtelo en trozos pequeños; póngalos en una cazuela con agua y limón y déjelos hervir durante 1 hora y 30 minutos. A continuación, retírelos del fuego, enfríelos con agua fría y escúrralos bien.

Prepare una bechamel derritiendo la mantequilla en un cazo; añada entonces la harina, remueva bien y deje que espume unos instantes, pero no permita que coja color. Añada a continuación la leche, sin dejar de remover para evitar que se formen grumos. Siga removiendo hasta que empiece a hervir y, a continuación, deje reposar la bechamel durante unos instantes.

Unte con mantequilla una bandeja para gratinar y ponga en ella el cardo y las trufas cortadas en láminas. Cubra todo con la bechamel y gratine en el horno a 210 °C durante unos 10 minutos.

13. Carpaccio de vieiras con trufas

Ingredientes para 4 personas
8 vieiras muy frescas
1 trufa de 30 g
2 cucharadas soperas de aceite de oliva virgen
1 granada
1 ramitas de cebolleta
sal
pimienta

Pele la granada y reserve los granos.

Saque la carne de las vieiras y córtela en láminas finas.

Limpie con cuidado la trufa bajo el chorro de agua fría, y luego píquela finamente.

Emplate la carne de las vieiras y la trufa, alternándola. Nape con aceite de oliva. Reparta los granos de granada y la cebolleta picada. Salpimiente.

Cubra con film de cocina y reserve en el frigorífico 30 minutos aproximadamente.

Sirva este plato bien frío, acompañado de finas rodajas de pan tostado caliente.

14. Cazoletas de gambas con trufas

Ingredientes para 5 personas
50 g de trufas frescas (o en conserva)
10 huevos
250 g de gambas rosas peladas
25 g de mantequilla
5 cl de nata
sal y pimienta

Corte las trufas en pequeños dados (reserve cuatro láminas para decorar). Bata los huevos y añada los dados de trufa (si son en conserva, también puede añadir el jugo) y la nata. Salpimiente y refrigere durante 1 hora.

Unte con mantequilla cinco cazoletas y vierta en ellas la preparación anterior; añada las gambas. Ponga las cazoletas al baño María y hornéelas durante 15 minutos a 180 °C.

En el momento de servirlas, decore cada cazoleta con una lámina de trufa.

15. Cazoletas de cigalas con boletos comestibles

Ingredientes para 4 personas
12 cigalas
200 g de boletos comestibles pequeños
20 cl de nata
1 cucharada sopera de bourbon
1 diente de ajo
2 cucharadas soperas de aceite de oliva virgen extra
ramitas de eneldo
sal y pimienta

Limpie las boletos comestibles y trocéelos.

Pele las cigalas y rehóguelas en una sartén con el aceite. Resérvelas calientes.

En la misma sartén, saltee los boletos con el ajo picado hasta que se evapore el agua de las setas. Sazone y reserve en caliente.

Mezcle el jugo de la cocción con el bourbon, deje reducir y añada luego la nata.

Disponga en las cazoletas precalentadas las cigalas y los boletos salteados, y cúbralos con la salsa. Esparza por encima algunas ramitas de eneldo, salpimiente y sirva en seguida.

16. Setas de Burdeos a la borgoñona

Ingredientes para 5 personas
10 setas de Burdeos medianas
20 caracoles grandes
1 cucharada sopera de miga de pan molida
1 manojo de perejil
1 diente de ajo grande
2 ajos chalotes grandes
60 g de avellanas picadas finas
75 g de mantequilla
sal y pimienta

Puede usar caracoles vivos o en conserva. Si están vivos, debe dejarlos en ayunas durante 10 días y purgarlos. Hay quien opina que han de purgarse con sal gorda y vinagre, pero, personalmente, no lo aconsejo, porque estos animales son una auténtica fábrica de babas y tratarlos así endurecería la carne. Es preferible someterlos a dos o tres hervores sucesivos de algunos minutos, y después lavarlos varias veces. Luego se les quita la concha y la extremidad negra, se hierven durante media hora a fuego lento en un tercio de litro de vino blanco diluido en la misma cantidad de agua, junto con una cebolla cortada en rodajas y un ramillete de hierbas aromáticas. Por último, se dejan enfriar en el caldo.

Limpie las setas evitando lavarlas con agua; elimine las partes duras y separe los pies de los sombreros. Vierta un poco de aceite en cada sombrero, dispóngalos en una bandeja de horno y hornéelos 15 minutos a 210 ºC.

Triture la miga de pan, los pies de las setas, el ajo, los ajos chalotes, el perejil, las avellanas y la mantequilla. Sale y amase bien.

Dé la vuelta a las setas para eliminar cualquier resto de agua y después ponga dentro de cada sombrero un poco de relleno; ponga encima dos caracoles y algo más de relleno. Hornee durante 10 minutos y sirva caliente.

17. Setas de Burdeos conservadas en aceite

Ingredientes para 6 personas
1 kg de setas de Burdeos pequeñas
1 l de aceite de oliva virgen extra
0,75 l de vinagre blanco
3 clavos
3 hojas de laurel
sal y pimienta

Limpie a conciencia las setas evitando en la medida de lo posible lavarlas con agua. Córtelas en trozos.

Vierta el vinagre en una cazuela y añada las setas y una pizca de sal. Deje que hiervan durante 5 minutos. Escúrralas y, una vez frías, enjuáguelas.

Esterilice con agua hirviendo un tarro de vidrio y disponga capas alternativas de setas, pimienta y sal, laurel y clavo, hasta que se acaben todos los ingredientes. Vierta suficiente aceite para que las setas queden totalmente cubiertas.

Cierre herméticamente el tarro y póngalo en un lugar fresco y protegido de la luz. Espere al menos 15 días antes de consumirlas.

Estas setas en conserva se pueden consumir calientes, escurridas y pasadas por la sartén; o frías, escurridas, como aperitivo o como condimento para una ensalada...

18. Setas al estilo landés

Ingredientes para 4 personas
12 pardillas o 12 níscalos
1 cucharada sopera de perejil picado
2 cucharadas soperas de manteca de oca
3 dientes de ajo
sal y pimienta

Elimine las partes de las setas que tengan tierra. Limpie los sombreros y hiérvalos durante 4 o 5 minutos en abundante agua con sal. Escúrralos bien.

Prepare una mezcla con manteca (reserve un poco), el perejil y el ajo picados, sal y pimienta. Unte todas las setas con este preparado. Póngalas sobre la rejilla de la barbacoa bien caliente, con la parte inferior hacia las brasas. Ponga encima de cada seta un poco de la manteca reservada y deje que se doren unos 5 minutos por cada cara. Sírvalas en seguida.

19. Champiñones en limosnera

Ingredientes para 4 personas
400 g de champiñones cultivados
4 crepes
50 g de lonjas de tocino ahumado
medio vaso de vino blanco seco
1 cebolla
1 diente de ajo
25 g de mantequilla
1 huevo
perejil picado y hojas de albahaca fresca
4 ramitas de cebolletas
aceite de oliva virgen extra
sal y pimienta

Limpie bien los champiñones y córtelos en trozos regulares. En una sartén a fuego lento rehogue en aceite la cebolla cortada en rodajas finas junto con el tocino, hasta que la cebolla se vuelva transparente. Añada entonces el ajo picado fino, el vino blanco y los champiñones. Salpimiente y deje a fuego moderado durante 10 minutos. A continuación, evapore el resto de jugo a fuego fuerte; añada entonces una cucharada de perejil y el huevo, y remueva bien.

Ponga un poco de este preparado en el centro de cada crepe, junto con una hoja de albahaca; pliegue los bordes hacia el centro, como si fueran pequeñas bolsas, y ate cada una con una cinta de cebolleta. Ponga las crepes en una bandeja de horno, añada un poco de mantequilla fundida y gratínelas durante 2 minutos. Sírvalas en seguida.

20. Champiñones rellenos

Ingredientes para 4 personas
12 champiñones cultivados frescos, grandes y abiertos
30 g de mantequilla
1 cucharada sopera de aceite de oliva virgen extra
ajo
miga de pan
perejil
sal y pimienta

Elimine la parte que tenga arena de los champiñones y límpielos con cuidado con agua y vinagre; escúrralos.

Corte los pies y mézclelos con perejil y ajo finamente picados, sal, pimienta, miga de pan y aceite.

Coloque los sombreros en una fuente untada con mantequilla y rellénelos con el preparado anterior. Hornéelos a fuego medio durante 20 minutos y sírvalos calientes.

21. Costillas de ternera con trufas y vino

Ingredientes para 4 personas
1 costillar de ternera
8 trufas negras
1 ajo chalote grande
50 cl de vino blanco dulce
mantequilla
aceite de oliva virgen extra

Limpie bien las trufas.

Ponga un poco de aceite en una sartén y a fuego lento rehogue durante 5 minutos el ajo chalote picado fino sin dejar que coja color. Añada las trufas enteras y haga que se unten bien en la mezcla de aceite y ajo chalote. Vierta el vino. Salpimiente ligeramente y deje que arranque el hervor, tape la sartén y déjela a fuego lento durante 15 minutos.

Mientras tanto, recubra con una pequeña capa de aceite las costillas de ternera y póngalas sobre la parrilla del horno. No las sale hasta el final de la cocción para evitar que pierdan jugo.

Escurra las trufas y resérvelas calientes. Reduzca el fondo de cocción hasta que queden 15 o 20 cl y páselo por el chino.

Coloque las costillas y las trufas en una bandeja, rocíe con el fondo de cocción y decore con mendrugos de pan rehogados con mantequilla.

22. Galampernas fritas

Ingredientes para 4 personas
8 sombreros de galampernas grandes
4 huevos
2 cucharadas soperas de perejil picado
pan rallado
aceite de oliva virgen extra
sal y pimienta

Limpie bien las galampernas con un trapo o un papel absorbente húmedo, pero no las moje. Separe los sombreros de los pies y reserve los primeros.

En un plato hondo, bata los huevos con el perejil y un poco de pimienta y sal. Moje en esa mezcla los sombreros de galamperna y páselos después por el pan rallado.

Caliente una buena cantidad de aceite en una sartén y fría los sombreros de galamperna hasta que estén bien dorados. Sírvalos con un poco de ensalada verde.

23. Calabacines con rebozuelos

Ingredientes para 4 personas
4 calabacines
500 g de rebozuelos
1 manojo de cebolletas
100 g de nata
manteca
sal y pimienta

Pele parcialmente los calabacines a lo largo, dejando 2 cm de piel entre banda y banda pelada de forma que queden rayas blancas y verdes. Córtelos en troncos grandes. Vacíelos y conserve la pulpa.

Coloque cada trozo de calabacín sobre un poco de papel de aluminio y salpimiente. Cierre los envoltorios y hierva al vapor (8 minutos en la olla a presión).

Dore las setas y la pulpa de los calabacines en un poco de manteca durante 5 minutos. Añada la nata y la cebolleta troceada. Salpimiente.

Rellene los troncos de calabacín con este preparado y sirva en seguida.

24. Delicia de tomate con trufa blanca

Ingredientes para 4 personas
3 láminas de pasta brick
1 kg de tomates
mantequilla
aceite de oliva virgen extra
comino en polvo
trufa blanca
sal

Sumerja los tomates unos segundos en agua hirviendo y, después, en agua fría; así le resultará más fácil pelarlos. Córtelos en cuatro partes y retire las semillas de la parte central.

Unte un molde (o la bandeja del horno) con mantequilla, disponga dentro los cuartos de tomate, eche una pizca de sal y otra de comino, y riegue con un poco de aceite de oliva. Hornee durante 1 hora y 30 minutos a 150 °C.

Recorte las láminas de pasta brick en 12 rectángulos de aproximadamente 10 cm de lado, úntelos con mantequilla y hornéelos 30 minutos a 100 °C.

Disponga en cada plato un rectángulo de pasta brick y cúbralo con tomates tibios; añada otro rectángulo de pasta y coloque encima más tomates tibios; finalmente, ponga una tercera lámina de pasta y cúbrala con una última capa de tomates. Riegue con un poco de aceite de oliva y ralle la trufa por encima.

Puede decorar este plato con perejil frito: sofría el perejil unos segundos en aceite, extiéndalo sobre una bandeja, hornéelo a 80 °C y déjelo secar durante 2 horas aproximadamente.

25. Crepes de setas

Ingredientes para 4 personas
*600 g de setas diversas: boletos comestibles y especies próximas
1 ajo chalote
1 cucharada sopera de armañac o similar
1 cucharada sopera de perejil picado
2 cucharadas soperas de nata
100 g de harina
20 cl de leche
2 huevos
mantequilla
sal y pimienta*

Prepare la pasta de las crepes al menos 2 horas antes mezclando bien la harina, la leche, los huevos, una pizca de sal y una cucharada de mantequilla; déjela reposar.

Mientras tanto, limpie las setas y trocee tanto los sombreros como los pies.

Caliente en una sartén una cucharada de mantequilla y rehogue el ajo chalote picado hasta que se vuelva transparente. Entonces añada las setas y déjelas en el fuego hasta que se evapore toda el agua que sueltan. Vierta el aguardiente y añada la nata y el perejil picado. Salpimiente.

Elabore varias crepes bastante finas y úntelas con la mezcla de setas. Enróllelas y sírvalas inmediatamente.

26. Empanada de ave y pies azules

Ingredientes para 4 personas
250 g de pechuga de ave
500 g de masa de hojaldre
500 g de pies azules
1 huevo
2 cucharadas soperas de nata
25 g de mantequilla
aceite de oliva virgen extra
sal y pimienta

Limpie bien las setas y córtelas en rodajas. Corte la pechuga en tiras delgadas y sofríalas en una sartén con un poco de aceite; salpimiente y reserve caliente. En la misma sartén, sofría también las setas, sálelas y déjelas a fuego lento hasta que se haya evaporado el agua que sueltan; añada entonces la nata y resérvelas calientes.

Encienda el horno a 240 ºC. Divida la masa de hojaldre en dos partes desiguales: 2/3 para el fondo y 1/3 para la tapa. Con la ayuda del rodillo extienda bien la primera y forre con ella un molde de bizcocho de unos 25 cm de diámetro. Ponga en el fondo el preparado de setas y, encima, las tiras de ave. Añada la mantequilla.

Extienda el segundo trozo de masa y tape con ella el preparado, apretando bien los bordes. Bata la yema del huevo con una cucharada sopera de agua tibia y pinte la tapa de la empanada con esta mezcla. Con la ayuda de un cuchillo realice cortes o motivos decorativos en la cubierta de la empanada y hornéela unos 30 minutos, hasta que esté bien dorada. Sírvala muy caliente.

27. Rodajas de lucio con champiñones

Ingredientes para 4 personas
1 lucio de 1 kg
250 g de champiñones cultivados
1 limón
10 cl de armañac o similar
10 cl de nata
2 huevos
harina
nuez moscada
perejil
aceite de oliva virgen extra
sal y pimienta

Escame el lucio y vacíelo; elimine la cabeza y corte el resto en rodajas de 4 o 5 cm de grosor; lávelas y séquelas bien con papel absorbente; enharínelas y sacúdalas para quitarles el exceso de harina.

Corte los champiñones en láminas finas y vierta por encima zumo de limón para evitar la oxidación.

En una sartén grande dore ligeramente las rodajas de lucio en un poco de aceite. A continuación, agregue el aguardiente y, una vez se haya evaporado, los champiñones bien escurridos y un poco de sal, pimienta y nuez moscada. Tape la sartén y déjela a fuego medio durante 10 minutos, removiendo con regularidad para que los champiñones suelten toda el agua.

Cuando el pescado esté bien hecho, bata la nata con dos yemas de huevo y vierta esta mezcla en la sartén; remueva bien, deje que dé uno o dos hervores y retire del fuego. Sirva inmediatamente.

28. Pava asada con rebozuelos y manzanas

Ingredientes para 6 personas
1 pava de granja de 2,5 kg
500 g de rebozuelos
6 manzanas
150 g de hígado de ave
50 g de tocino ahumado
1 diente de ajo y 2 ajos chalotes
2 huevos
1 taza de miga de pan duro
leche, manteca de oca y armañac
perejil y perifollo
sal y pimienta

Moje la miga de pan en leche. Rehogue el ajo y los ajos chalotes bien picados con manteca; añádalos a la miga de pan escurrida y reserve la mezcla en un bol. En la misma sartén, sofría el hígado 2 minutos y trocéelo. Añádalo al bol, junto con los huevos, una cucharada de perejil, un vaso de licor, pimienta y sal. Mezcle y rellene la pava con esta mezcla.

Ponga la pava en una bandeja de horno y riéguela con dos cucharadas de manteca fundida. Ase a 180 ºC media hora, rociándola de vez en cuando con su propio jugo. Vierta 25 cl de agua y riegue la pava con regularidad. Dele la vuelta varias veces durante las 2 horas de cocción. Media hora antes de acabar, pele las manzanas, trocéelas y póngalas alrededor del ave, junto con el tocino en dados. Saque la bandeja del horno, quite las manzanas y resérvelas; vierta la salsa en un cazo; envuelva la pava en papel de aluminio y póngala en el horno, ya apagado, media hora más. En el cazo de la salsa vierta un vaso de licor y 10 cl de agua; reduzca 5 minutos; cuélela.

Limpie los rebozuelos, trocéelos y rehóguelos con manteca; salpimiéntelos. Coloque en una bandeja la pava asada rodeada de manzanas y rebozuelos, y sirva acompañado de la salsa.

29. Dorada rellena con champiñones

Ingredientes para 4 personas
*1 dorada de 1 kg aproximadamente
1 kg de champiñones cultivados frescos
1 manojo de perejil
1 vasito de vino de oporto
2 cucharadas soperas de nata
2 cucharadas soperas de pimienta verde
3 cebollas
4 limones
4 rebanadas de pan tostado
50 g de mantequilla
pimienta verde y sal*

Lave los champiñones y quíteles la base, que suele ser arenosa. Lave las cebollas. Triture ambos ingredientes y ponga el preparado en un recipiente. Añada la nata, el vino, el perejil picado, sal y pimienta. Rellene la dorada con este preparado, pero reserve cuatro cucharadas soperas.

Cubra una bandeja de horno con los limones cortados en rodajas y ponga encima la dorada rellena. Riéguela con mantequilla fundida y espolvoree pimienta verde y sal por encima. Hornee unos 40 minutos a 150 ºC.

Sirva la dorada con las rebanadas de pan untadas con el relleno reservado.

30. Delicia de boletos comestibles con base de patata

Ingredientes para 4 personas
*500 g de boletos comestibles
4 patatas grandes
0,25 l de leche
1 cucharadita de mantequilla
1 diente de ajo
2 cucharadas soperas de nata
sal y pimienta*

Limpie los boletos comestibles con la ayuda de un papel absorbente un poco húmedo. Retire el himenio (parte esponjosa que se encuentra bajo el sombrero) y el pie. Trocéelos y póngalos en el fuego con mantequilla y ajo picado. Salpimiente.

Ase las patatas en el horno, sin quitarles la piel, envueltas en papel de aluminio. Después, pártalas por la mitad y vacíelas con una cuchara, con cuidado de no romper la piel (deje aproximadamente 0,5 cm de pulpa bajo la piel).

Triture los boletos comestibles y la pulpa de la patata junto con la leche. Salpimiente. Añada un poco de nata. Mezcle bien y rellene las patatas con este preparado.

Caliéntelas en el horno y sírvalas como acompañamiento de algún ave fina, con carne de caza o pescado de río (lucio, perca…).

31. Trufas troceadas con flor de sal

Ingredientes para 4 personas
2 trufas medianas
1 cucharadita de perejil picado
1 kg de patatas
2 cucharadas soperas de aceite de avellana
flor de sal y pimienta

Cueza en una gran cantidad de agua salada durante 20 minutos las patatas, de tamaño medio, sin quitarles la piel (escoja una variedad que no se rompa al hervir). Cuando estén cocidas, escúrralas y enfríelas rápidamente en agua fría. Pélelas y córtelas en rodajas de 4 o 5 mm de grosor.

Pele las trufas y córtelas en láminas. Pique los extremos y resérvelos.

Disponga en platos de servir, en forma de roseta, rodajas de patata y de trufa untadas previamente con aceite de avellana, por las dos caras, con la ayuda de un pincel. Espolvoree un poco de pimienta, flor de sal, perejil y trufa picada.

Sirva acompañado de rebanadas de pan tostado y mantequilla con sal.

32. Faisán al estilo imperial

Ingredientes para 4 personas
1 faisán grande y tierno, vaciado y desplumado
5 trufas pequeñas
50 g de tocino semisalado
125 g de hígado de pato
4 filetes de hígado de pato fresco
1 cebolla
manteca de oca, harina y nata
cava y coñac
aceite de oliva virgen extra
sal y pimienta

El relleno del faisán se prepara el día anterior: pique muy finos el tocino, el hígado del faisán, 125 g de hígado de pato y una trufa muy limpia; amase bien, salpimiente y añada un vaso de coñac. Salpimiente el interior del faisán. Rellénelo con el preparado y átelo. Resérvelo en frío y deje macerar durante medio día como mínimo.

El día siguiente, en una cazuela grande, dore el faisán en un poco de manteca fundida; retírelo y resérvelo. Rehogue la cebolla picada 5 minutos; luego incorpore el faisán y deje a fuego medio 40 minutos; dele la vuelta de vez en cuando.

Limpie bien las trufas restantes y córtelas en tiras gruesas. Sofríalas en aceite y sálelas.

Mientras tanto, caliente un poco de aceite en una sartén y rehogue los filetes de hígado de pato fresco previamente enharinados; sálelos y resérvelos calientes.

Ponga el faisán en la bandeja de servir y manténgalo caliente. Vierta el cava en un cazo junto con el jugo de la cocción del faisán, redúzcalo a la mitad y añada la nata; mezcle bien y pase la salsa por el chino. Disponga los filetes de hígado de pato y las tiras de trufa alrededor del faisán. Sirva inmediatamente con la salsa en una salsera.

33. Hojaldre de hígado de pato con boletos comestibles

Ingredientes para 6 personas
*500 g de masa de hojaldre
6 filetes de pato cortados en tiras finas
250 g de hígado fresco de pato
500 g de boletos comestibles
1 ajo chalote y 1 diente de ajo pequeño
1 yema de huevo
25 cl de nata
pieles de trufa
mantequilla y aceite de oliva virgen extra
perejil, sal y pimienta*

Forre con dos tercios la masa de hojaldre, de 3 mm de grosor, un molde untado con mantequilla y enharinado sin recortar los bordes sobrantes. Extienda el resto de la masa hasta obtener un disco del tamaño del molde. Métalo todo en la nevera 45 minutos.

Limpie las setas, escáldelas y enfríelas con agua antes de trocearlas. Pele los ajos. Caliente aceite y rehogue a fuego lento el chalote picado. Añada una cucharada de perejil, las setas y el ajo. Salpimiente, deje que tome color, unos 5 minutos, y reserve. En la misma sartén, sofría en más aceite las tiras de pato 2 minutos. Tire la grasa y limpie la sartén; dore los filetes de hígado.

Rellene la tarta con capas de setas y tiras de pato e hígado; acabe con una capa de setas y cubra con el disco de hojaldre. Selle los bordes y unte la superficie con yema de huevo batida. Deje una chimenea en el centro del disco, inserte un pequeño rollo de papel parafinado y meta el hojaldre en el horno, precalentado a 180 ºC, 35 o 40 minutos. Sírvalo con una salsa preparada rehogando en aceite las pieles de trufa escurridas (no tire el jugo); añada nata y el jugo reservado, y reduzca a la mitad antes de espesarla con mantequilla.

34. Filetes de lenguado con trompetas de la muerte

Ingredientes para 4 personas
4 filetes de lenguado de unos 150 g cada uno
400 g de trompetas de los muertos
1 cebolla
1 puerro
1 zanahoria
1 diente de ajo
1 rama pequeña de apio
1 cucharadita de mantequilla
1 cucharadita de maicena
aceite de oliva virgen extra
sal y pimienta

Prepare un caldo en una olla con 1,5 l de agua, la cebolla partida por la mitad, la zanahoria y el puerro cortados en rodajas, la ramita de apio, pimienta y sal. Deje que hierva 10 minutos y añada un vaso de agua fría.

Enrolle los filetes de lenguado sobre sí mismos con la ayuda de un palillo. Sumérjalos en el caldo y déjelos 10 minutos procurando que no arranque el hervor.

Limpie las trompetas de los muertos y córtelas a lo largo. Rehóguelas en una sartén con un poco de aceite durante unos minutos. Añada el ajo bien picado y deje en el fuego 2 o 3 minutos más. Incorpore la mantequilla y la maicena. Mezcle todo bien y rocíe ligeramente con el caldo del lenguado. Salpimiente.

Escurra el pescado, decórelo con las setas en salsa y sírvalo en seguida.

35. Solomillos de ternera con níscalos

Ingredientes para 4 personas
5 solomillos de ternera
300 g de níscalos pequeños
medio vaso de vino blanco seco
1 cucharada sopera de nata
1 cucharada sopera de aceite de oliva virgen extra
sal y pimienta

Limpie bien las setas y sancóchelas 5 minutos en una gran cantidad de agua hirviendo con sal. Escúrralas.

En una sartén caliente el aceite y fría los solomillos; resérvelos calientes. En la misma sartén, saltee los níscalos durante 5 minutos; riéguelos con vino blanco y déjelos en el fuego otros 10 minutos más.

Añada la carne con el jugo que ha ido soltando y vierta la nata. Espese la salsa y sirva inmediatamente.

36. Setas salteadas

Ingredientes para 4 personas
800 g de setas silvestres pequeñas: muserones, boletos comestibles, pies azules, foliotas cambiantes...
1 diente de ajo
1 ajo chalote
1 cucharada sopera de perejil picado
3 cucharadas soperas de aceite de oliva virgen extra
sal y pimienta

Limpie bien las setas y trocéelas si son algo grandes. En una sartén, ponga a calentar el aceite y añada las setas; déjelas a fuego fuerte unos 10 minutos, removiendo regularmente, hasta que se haya evaporado toda el agua de cocción. Añada el ajo y el ajo chalote finamente picados, y prosiga la cocción durante unos minutos. Salpimiente y espolvoree con perejil picado. Sirva las setas inmediatamente.

Para elaborar esta receta es preferible no mezclar más de tres variedades diferentes para no anular los aromas de cada una.

37. Capón con morillas a la pepitoria

Ingredientes para 4 personas
1 capón de 1,5 kg aproximadamente
40 g de morillas secas o 400 g de morillas frescas
0,25 l de vino blanco seco de cuerpo medio
1 ajo chalote grande y 1 diente de ajo
25 cl de nata
3 yemas de huevo
zumo de limón y armañac
aceite de oliva virgen extra
1 ramillete de hierbas aromáticas, sal y pimienta

Ponga en un bol agua tibia con el aguardiente y deje las morillas en remojo durante 2 horas.

Mientras tanto, corte el capón en trozos grandes. Dórelos suavemente unos 10 minutos en una cazuela grande, removiendo con frecuencia, y después riéguelos con el vino blanco. Añada el ramillete aromático y el ajo y el ajo chalote picados finamente. Salpimiente. Tape la cazuela y déjela a fuego lento durante 45 minutos.

Cuando las morillas estén bien rehidratadas, escúrralas y rehóguelas en una sartén a fuego lento durante 5 minutos. Viértalas en la cazuela, tápela y deje en el fuego 10 minutos más. Retire el ramillete y reserve calientes los trozos de capón escurridos.

Bata las yemas de huevo con la nata y añada la mezcla al jugo de cocción del capón, removiendo continuamente. Rectifique la sal y deje espesar a fuego lento unos instantes, procurando que la salsa no llegue a hervir. Añada el zumo de limón al final. Mezcle bien y añada los trozos de capón. Sirva bien caliente con arroz o pasta fresca.

38. Tortitas de setas

Ingredientes para 4 personas
400 g de setas consistentes, como los níscalos
200 g de carne picada
1 patata grande cocida
2 huevos
1 diente de ajo
1 cucharada sopera de harina
1 cucharada sopera de perejil picado
pan rallado
aceite de oliva virgen extra
sal y pimienta

Limpie bien las setas y córtelas en láminas finas. Escáldelas durante 1 o 2 minutos y escúrralas bien. Rehóguelas en una sartén con un poco de aceite, hasta que se haya evaporado toda el agua que sueltan y presenten un aspecto crujiente. Añada entonces la carne y deje que se haga unos instantes; a continuación, incorpore la patata machacada, el ajo picado fino, el perejil, la harina, un huevo, pimienta y sal. Mezcle todo muy bien.

Caliente aceite en una sartén y fría bolitas (o tortitas) del preparado anterior, pasándolas previamente por huevo batido y pan rallado. Déjelas en el fuego hasta que estén bien doradas y crujientes.

39. Tortitas de patatas con morillas

Ingredientes para 4 personas
500 g de patatas
400 g de morillas
100 g de tocino en lonchas muy finas
2 cucharadas soperas de nata
ramitas de cebolletas
aceite de oliva virgen extra
sal y pimienta

Pele y lave las patatas; rállelas con un rallador. Caliente aceite en una sartén grande y eche las patatas. Aplástelas para hacer una torta. Deje que se dore a fuego medio, unos 10 minutos por cada lado.

Lave las morillas y séquelas con un trapo limpio. Dore el tocino en una cazuela, a fuego lento, y luego añada las morillas. Tape la cazuela y cocine durante 5 minutos; una vez transcurrido ese tiempo, quite la tapa para dejar que se evapore el agua. Vierta la nata y deje la cazuela en el fuego unos minutos más.

Para servir, corte la torta de patatas en cuatro partes iguales. Ponga las morillas encima y decórelas con un poco de cebolleta picada.

Este plato puede servirse como entrante o como acompañamiento de un arroz con ternera, un ave fina o un hígado de ternera.

40. Pastel de arroz con trufa

Ingredientes para 10 personas
500 g de arroz
1 trufa fresca de 40 g
1 cebolla grande
2 cubitos de caldo de pollo
75 g de mantequilla
100 g de parmesano rallado
sal y pimienta

Lave la trufa, pélela y pique finamente la piel. Pele la cebolla y píquela. Ponga a hervir 2 l de agua en una olla e introduzca los cubitos de caldo de pollo.

En una cazuela grande rehogue la cebolla en la mitad de la mantequilla. Añada el arroz y deje que se mezcle todo bien durante 5 minutos.

A continuación, agregue un poco de sal y pimienta, el caldo y la piel de trufa troceada. Remueva bien y tape la cazuela. Deje que hierva durante 20 minutos removiendo con regularidad. Si es necesario, añada un poco de agua para que el arroz no se pegue. Añada el resto de mantequilla y el parmesano al arroz.

A continuación, vierta la mezcla en un molde de bizcocho y métalo en el horno, precalentado a 180 °C, durante 10 minutos.

Raspe la trufa sobre el pastel de arroz y sírvalo caliente.

41. Rebozuelos al estilo normando

Ingredientes para 4 personas
500 g de rebozuelos
1 ajo chalote
1 cebolla
1 diente de ajo
2 cucharadas soperas de perejil picado
25 cl de nata espesa
aceite de oliva virgen extra
sal y pimienta

Limpie bien los rebozuelos, sin lavarlos, si es posible. En una sartén rehogue ligeramente en un poco de aceite el ajo chalote picado y la cebolla cortada en trozos pequeños, hasta que cojan color. Añada los rebozuelos y salpimiente. Deje la sartén a fuego lento hasta que se evapore por completo el agua que sueltan las setas.

Incorpore la nata y el ajo picado muy fino. Espese la salsa unos minutos en el fuego y, a continuación, espolvoree con el perejil. Sirva caliente.

Esta receta es perfecta para acompañar platos de carne asada.

42. Helado de trufas

Ingredientes para 4 personas
2 trufas negras pequeñas
0,5 l de leche
125 g de azúcar
15 cl de nata
4 yemas de huevo

Lave bien las trufas para eliminar restos de tierra. Póngalas en una cazuela con la leche y deje que arranque el hervor. Retire la cazuela del fuego, tápela y deje las trufas en infusión unos 20 o 25 minutos. Escurra las trufas y reserve.

Vuelva a poner la leche a hervir. Mientras tanto, en un bol bata las yemas de huevo junto con el azúcar, hasta que obtenga una mezcla homogénea; a continuación, viértala en la cazuela de la leche y cocine a fuego muy lento sin dejar de remover con una cuchara de madera hasta que el preparado espese (es muy importante que no hierva, porque entonces se provocaría una brusca coagulación del huevo; si es necesario, retire la cazuela del fuego y añada unas gotas de agua muy fría para reducir un poco la temperatura).

Incorpore la nata a la mezcla con mucho cuidado. Pele las trufas, pique las pieles (reserve la carne) y añádalas a la crema. Refrigérela en la nevera y después viértala en una heladera y enfríela hasta que se congele.

Al servir, confeccione bolas de helado, corte la carne de las trufas reservada muy fina y espolvoree con ella las bolas. Sirva con galletas crujientes como acompañamiento.

Para intensificar el aroma a trufa, los huevos pueden ponerse durante uno o dos días dentro de un recipiente hermético junto con las trufas. Las yemas se utilizarán tal como se ha indicado y las claras podrían servir para preparar una tortilla o huevos revueltos.

43. Ñoquis con morillas

Ingredientes para 4 personas
40 g de morillas deshidratadas
1 lata grande de tomates pelados al natural
180 g de harina
2 ajos chalotes
2 cucharadas soperas de nata espesa
50 g de mantequilla
800 g de patatas farináceas
75 g de gruyer o parmesano rallados
sal y pimienta

En primer lugar, hierva las patatas y luego haga con ellas un puré. Mientras, ponga las morillas secas en agua tibia durante 20 minutos aproximadamente.

Extienda sobre una superficie enharinada el puré de patatas, añada poco a poco la harina y amase hasta obtener una pasta ligera y elástica. Forme cilindros de 2 cm de diámetro y córtelos en rodajas de 3 o 4 cm de grosor. Aplaste las rodajas con los dientes de un tenedor para obtener una superficie ondulada. Hierva los ñoquis en agua con sal (la cocción finaliza cuando salen a flote); escúrralos y manténgalos calientes.

En una sartén dore en la mantequilla los ajos chalotes picados finos; a continuación, añada las morillas bien escurridas y los tomates pelados pasados por el pasapurés. Deje en el fuego durante unos minutos, agregue la nata y salpimiente.

Incorpore entonces los ñoquis a la sartén, déjelos a fuego lento unos instantes y, por último, espolvoree el gruyer o el parmesano por encima.

44. *Gougère* con setas de primavera

Ingredientes para 6 personas
500 g de hígado de ave
500 g de setas de primavera
1 cebolla
1 diente de ajo
100 g de roquefort
150 g de harina
4 huevos
mantequilla, nata espesa, perejil picado y armañac
sal y pimienta

Ponga en una cazuela 0,25 l de agua y mantequilla; al primer hervor incorpore la harina tamizada, aparte del fuego y mezcle. Vuelva a poner al fuego durante 1 minuto, removiendo continuamente. Retire y añada los huevos, de uno en uno. Incorpore el roquefort desmenuzado y sale.

Ponga una hoja de papel parafinado sobre la parrilla del horno y coloque un plato en el centro. Meta la pasta anterior en una manga y confeccione un cordón alrededor del plato; retire el plato y realice un segundo cordón en el interior del primero y, por último, un tercer cordón a caballo sobre los dos anteriores. Hornee durante 15 minutos a 210 ºC, baje la temperatura a 180 ºC y hornee 15 minutos más. A continuación, apague el horno, deje la puerta entreabierta y mantenga la pasta dentro 5 minutos más para evitar que se desplome.

Limpie y trocee el hígado. Limpie las setas, sin mojarlas, y trocéelas. Rehóguelas en mantequilla hasta que se evapore el agua. Resérvelas. En la misma sartén, sofría la cebolla y el ajo bien picados en mantequilla; añada el hígado y saltéelo a fuego fuerte 5 minutos. Riegue con el licor y flambee. Pase por la batidora, añada la nata y después las setas. Ponga la pasta de gougère en un plato y vierta en el centro el preparado de setas. Espolvoree con perejil picado y sirva.

45. Macarrones gratinados con trufas

Ingredientes para 6 personas
500 g de macarrones
250 g de nata
1 o 2 trufas
50 g de parmesano
40 g de mantequilla
sal y pimienta

Hierva los macarrones en abundante agua salada. Encienda el horno a 210 °C.

Escurra bien los macarrones y póngalos en una cazuela junto con la nata, la trufa rallada, la mitad del parmesano y una pizca de sal y pimienta. Mezcle bien todos los ingredientes y viértalos en una bandeja de horno previamente untada con mantequilla.

Espolvoree con el resto del parmesano y añada trocitos de mantequilla. Gratine los macarrones en el horno durante unos 20 minutos.

46. Gratén de puerros con brisura de trufa

Ingredientes para 6 personas
*6 puerros tiernos de tamaño medio
100 g de mantequilla
40 g de harina
0,5 l de leche
gruyer rallado
1 bote de 32 g de brisura de trufa
sal y pimienta*

Pele y limpie bien los puerros. Corte en juliana la parte blanca y póngalo en una cazuela, junto con 25 g de mantequilla. Salpimiente ligeramente la mezcla y deje que se derrita a fuego lento.

Prepare una bechamel con la harina y el resto de mantequilla: funda la mantequilla y añada entonces la harina, remueva bien y deje que espume unos instantes, pero no permita que coja color; añada la leche, sin dejar de remover para que no se formen grumos; siga removiendo hasta que hierva y, a continuación, déjela reposar unos instantes.

Unte con mantequilla una bandeja de horno y vierta una primera capa de bechamel, ponga encima la juliana de puerros, añada la brisura de trufa y cubra el conjunto con otra capa de bechamel. Espolvoree por encima un poco de gruyer rallado. Por último, hornee durante 10 minutos a 180 °C.

47. Fricandó de ternera con champiñones, salsa de tomate y albahaca

Ingredientes para 4 personas
*4 fricandós de ternera de 130 g
2 latas de 1 kg de champiñones cultivados troceados
300 g de espinacas
4 o 5 tomates maduros grandes y 1 ajo chalote
1 cucharada de cebolleta
1 cucharada sopera de queso blanco de 0 % de materia grasa
1 cucharadita de mantequilla
1 manojo de albahaca
1 ramillete aromático con apio, tomillo, laurel y perejil
1 cucharada de aceite de cacahuete
azúcar, sal y pimienta*

Lave las espinacas, cuézalas al vapor y salpimiéntelas. Añádales el queso y resérvelas calientes.

Escurra los champiñones, saltéelos con la mantequilla, añada el ajo chalote picado y salpimiente. Incorpore la cebolleta.

Escalde los tomates y pélelos; pártalos por la mitad, quíteles las simientes y córtelos en trozos pequeños. Póngalos en un recipiente con un fondo grueso y añada el ramillete aromático. Salpimiente y agregue una pizca de azúcar. Deje estofar a fuego muy lento unos 15 o 20 minutos. Retire el ramillete y triture los tomates. Añada la albahaca (15 hojas, aproximadamente) y reserve.

Salpimiente los fricandós y póngalos en el fuego en una sartén con una cucharada de aceite de cacahuete, entre 3 o 4 minutos por cara.

Ponga una capa de espinacas en cada plato y coloque los fricandós encima. Haga una corona con los champiñones. Rodee el conjunto con la salsa de albahaca.

48. Parrillada de verduras con jamón y trufa

Ingredientes para 4 personas
4 bulbos de hinojo pequeños
4 endibias pequeñas
4 cebollas de primavera pequeñas
4 tomates cherry
1 berenjena
4 corazones de alcachofa pequeños
16 puntas de espárrago
4 setas de Burdeos pequeñas
1 calabacín pequeño
100 g de jamón serrano cortado en lonchas finas
60 g de trufa negra fresca
100 g de mantequilla a la trufa
5 cl de jugo de trufa
1 cucharada sopera de hierbas aromáticas
sal y pimienta
vinagreta al aceite de trufa

Lave el hinojo y corte por la mitad las endibias, las cebollas y los tomates cherry. Quite el pie de las setas y lávelas con un trapo húmedo. Corte cuatro rodajas de berenjena del grosor de un dedo. Corte el calabacín en trozos de 5 cm y los corazones de alcachofa en láminas finas. Coloque todas las verduras en la rejilla del horno y áselas hasta que estén ligeramente crujientes.

Mientras tanto, ponga el jamón en una sartén antiadherente y cocínelo a fuego lento hasta que esté crujiente. Resérvelo. Ralle la trufa en láminas finas.

Disponga la verdura en los platos.

Derrita la mantequilla a fuego lento y, en cuanto se dore, vierta de inmediato el jugo de trufa. Retire la mezcla del fuego y añada sal, pimienta y hierbas aromáticas picadas. Riegue la verdura con esta salsa y añada las trufas frescas y el jamón. Sírvala acompañada de vinagreta de trufa.

49. Judías verdes, rebozuelos y filetes de pato

Ingredientes para 4 personas
800 g de judías verdes
300 g de rebozuelos
4 filetes de pato
1 diente de ajo
1 dl de vino blanco seco
3 cucharadas soperas de vinagre de frambuesa
50 g de mantequilla
aceite de cacahuete
sal y pimienta

Limpie las judías verdes y póngalas a cocer. Mientras tanto, corte el extremo arenoso de los rebozuelos y escáldelos en agua hirviendo con sal durante 2 minutos. Escúrralos y páselos por agua fría. Escúrralos de nuevo y enjuáguelos bien. Cuézalos al vapor.

En una sartén funda 10 g de mantequilla y una cucharada sopera de aceite de cacahuete. Dore los filetes de pato, 15 minutos por la parte de la piel y 5 o 6 por el otro lado. Resérvelos. Desengrase la sartén y vierta en ella el vinagre. Remueva suavemente con una cuchara de madera y reduzca antes de añadir el vino blanco con 1 dl de agua. Deje que se evapore la mitad. Ya fuera del fuego, añada 40 g de mantequilla en bolitas y salpimiente.

Cuando las judías estén cocidas, saltéelas con los rebozuelos y el ajo. Sirva los filetes con las legumbres y la salsa de vinagre en una salsera.

50. Níscalos y legumbres con alioli

Ingredientes para 4 personas
400 g de níscalos pequeños muy frescos
300 g de coliflor
8 patatas pequeñas
8 zanahorias pequeñas
cebolleta, estragón y perejil picados
1 cucharada sopera de zumo de limón
1 cucharadita rasa de mostaza dulce
1 diente de ajo
1 yema de huevo
5 cl de aceite de oliva virgen extra
ramitas de perifollo
sal y pimienta

Limpie las setas y sancóchelas en abundante agua hirviendo con sal durante 20 minutos. Mientras, pele y lave las legumbres; corte la coliflor en pequeños ramos y hiérvalos en agua con sal durante 10 minutos; haga lo mismo con las zanahorias y las patatas. Cuando las legumbres y las setas estén listas, escúrralas y póngalas sobre un trapo seco o papel absorbente.

Prepare, a continuación, el alioli: pele el ajo y macháquelo en el mortero, junto con una pizca de pimienta y sal, hasta obtener una crema; añada entonces la mostaza y la yema de huevo. Mézclelo todo bien y deje que repose 1 minuto. Vierta el aceite en un chorro muy fino, removiendo cada vez más rápido con la maza del mortero para que crezca el alioli. Añada el zumo de limón, la cebolleta, el perejil, el estragón y el perifollo; mezcle todo con cuidado.

Ponga las legumbres y las setas tibias en una bandeja y sírvalas con el alioli aparte.

51. Lasaña forestal

Ingredientes para 4 personas
*12 hojas de lasaña
40 g de diversas setas silvestres deshidratadas
0,5 l de agua
1 bote de salsa de tomate a la boloñesa
100 g de carne picada
100 g de gruyer rallado
15 cl de nata
25 g de mantequilla
sal y pimienta*

Ponga las setas deshidratadas en medio litro de agua tibia, para que se inflen. Pasadas 2 horas, escúrralas bien y trocéelas. Vierta el jugo en una cazuela, añada un chorrito de aceite y llévelo a ebullición. Hierva durante 3 o 4 minutos las hojas de lasaña si son frescas; para las pastas industriales, en cambio, necesitará de 5 a 7 minutos, pero no ponga muchas al mismo tiempo, porque podrían pegarse. A continuación, sumérjalas en un bol con agua fría.

Encienda el horno a 180 ºC. Unte una bandeja con mantequilla y disponga alternativamente capas de tres hojas de lasaña, salsa de tomate, carne picada y setas. Acabe repartiendo la nata por encima. Espolvoree el gruyer y hornee 25 minutos. Sirva la lasaña en seguida.

52. Medallones de ternera con rebozuelos

Ingredientes para 4 personas
4 medallones de ternera
400 g de rebozuelos
1 albaricoque seco
1 cápsula de azafrán
1 diente de ajo
10 cl de vino blanco
2 cucharadas soperas de nata
1 cucharadita de mantequilla
4 cucharadas soperas de aceite de oliva virgen extra
sal y pimienta

Pique el albaricoque seco y sumérjalo en un poco de agua tibia con azafrán.

Caliente en una sartén dos cucharadas de aceite y dore los medallones de ternera, unos minutos por cada cara; salpiméntelos y resérvelos calientes. Añada el vino blanco al fondo de cocción y deje que reduzca a fuego fuerte. Agregue la nata a la reducción, junto con el ajo picado muy fino. Déjelo todo a fuego lento durante unos minutos, hasta la perfecta trabazón de la salsa. Manténgala caliente.

Saltee los rebozuelos picados en aceite hasta que estén ligeramente crujientes. Añada el albaricoque, escurrido y picado, y una cucharadita de mantequilla. Incorpore esta mezcla a la salsa anterior.

Ponga los medallones de ternera en platos calientes y sírvalos acompañados con la salsa de rebozuelos.

53. Milhojas de *foie gras* a la trufa

Ingredientes para 4 personas
1 bloque de foie gras *de pato de unos 200 g*
1 bote de 16 g de trufas en conserva
2 láminas de pasta brick
25 g de mantequilla
8 rodajas de panceta
12 espárragos verdes
1 bol de lechuga variada
1 cucharada sopera de aceite de cacahuete
1 cucharada sopera de aceite de oliva a la trufa
sal y pimienta

Pase los espárragos por agua, corte la base y échelos en una cazuela con agua hirviendo con sal. Déjelos 3 minutos y, después, escúrralos bien. Corte cada espárrago por la mitad, a lo largo.

Vierta el aceite de oliva en una sartén y fría la panceta (1 minuto por cada lado); escúrrala bien en papel absorbente.

Corte ocho discos con las láminas de pasta brick, úntelos con mantequilla y hornéelos durante 30 minutos a 100 °C.

Corte ocho rodajas del bloque de *foie gras* y aderécelas con pimienta. Corte la trufa en láminas finas.

Reparta la lechuga entre cuatro platos y alíñela. A continuación, disponga en cada uno de ellos una rodaja de *foie gras* y espárragos, y cúbralos con un disco de pasta brick y una rodaja de panceta frita. Repita la operación para formar un segundo piso. Finalmente, añada algunas láminas de trufa y riéguelo todo con un poco de aceite de oliva a la trufa.

54. Muserones a la provenzal

Ingredientes para 4 personas
400 g de muserones
1 cucharada sopera de perejil picado
1 diente de ajo
1 pimiento rojo
2 cebollas
2 tomates
albahaca fresca
mejorana
3 cucharadas soperas de aceite de oliva virgen extra
sal y pimienta

Limpie bien las setas, escáldelas durante 2 minutos en abundante agua hirviendo con sal y escúrralas.

Caliente el aceite en una sartén y rehogue los tomates pelados y sin simientes, el pimiento pelado y cortado en tiras finas y las cebollas troceadas durante 10 minutos. Añada el ajo picado, las setas, una pizca de mejorana y el perejil. Salpimiente, mezcle bien y déjelo a fuego fuerte durante 5 minutos, siempre vigilando.

Sirva el plato cuando aún esté caliente, espolvoreado con albahaca fresca.

55. *Nems* con champiñones negros

Ingredientes para 6 personas
200 g de champiñones negros
1 kg de carne de cerdo
200 g de fideos de soja
250 g de tortas grandes de arroz (o 500 g si son pequeñas)
2 huevos
3 zanahorias
1 ajo chalote
1 cebolla
1 diente de ajo
aceite de oliva virgen extra
sal y pimienta

Sumerja los champiñones en agua tibia durante media hora. Haga lo mismo con los fideos de soja.

Mientras, corte la carne de cerdo en trozos pequeños y píquela. Añada los champiñones y los fideos, y páselo todo por la máquina de picar carne.

Pele y lave las zanahorias; rállelas. Incorpórelas a la carne, junto con la cebolla picada, los huevos y un poco de sal y pimienta. Amase bien.

Humedezca las tortas de arroz para que se reblandezcan. Ponga sobre cada una de ellas un poco del preparado anterior y enróllelas en forma de cilindros; doble los extremos para evitar que se salga el relleno.

Fría los *nems* en aceite de oliva hasta que queden bien dorados y crujientes. Sírvalos acompañados de hojas de lechuga y salsa de soja o una simple vinagreta. También puede añadir algunas hojas de menta.

56. Vieiras con pleurotos y puerros

Ingredientes para 4 personas
12 vieiras grandes
400 g de pleurotos
500 g de puerros
1 ajo chalote
vinagre
aceite de oliva virgen extra
sal y pimienta

Pele y limpie los puerros. Córtelos en rodajas finas. En una sartén, ponga los trozos de puerros a fuego lento para que se vayan deshaciendo. Añada dos cucharadas soperas de agua, tape la sartén y déjelos 15 o 20 minutos, removiendo de vez en cuando para evitar que se quemen (añada un poco de agua si lo cree necesario). Salpimiente y añada un poco de vinagre.

Limpie bien las setas, córtelas en tiras largas y saltéelas en una sartén con aceite y el ajo chalote bien picado, hasta que se haya evaporado por completo el agua que sueltan las setas.

Enjuague las vieiras y áselas en una plancha con aceite caliente unos 30 segundos por cada lado. Póngalas entonces en los platos, junto con las setas salteadas y la salsa de puerros. Sirva en seguida.

57. Huevos escalfados con puré de trufa

Ingredientes para 4 personas
*8 huevos frescos
50 g de trufas frescas o en conserva
3 cucharadas soperas de nata
12 cl de vino blanco suave
15 cl de leche
50 g de mantequilla
20 g de harina
sal y pimienta*

Derrita la mantequilla en un cazo y añada la harina removiendo constantemente; deje que espume unos instantes, pero no permita que coja color. Vaya añadiendo la leche poco a poco, pero sin dejar de remover para evitar que se formen grumos. Siga removiendo hasta que empiece a hervir y, a continuación, deje reposar la bechamel unos instantes.

En una cacerola pequeña, reduzca el vino a la mitad y añada el jugo de trufa. Cuando empiece a hervir de nuevo, espere unos instantes antes de incorporar, sin dejar de remover, la bechamel y la nata.

Mezcle las trufas (reserve algunas láminas para decorar el plato) hasta obtener un puré fino y añádalo al preparado anterior. Deje que cueza a fuego lento durante 3 minutos.

Escalfe los huevos en agua ligeramente avinagrada. Sírvalos parcialmente cubiertos con el puré de trufa y acompáñelos con pan tostado.

58. Huevos pasados por agua al perfume de trufa

Ingredientes para 4 personas
4 huevos muy frescos
20 g de trufas preferiblemente frescas
40 g de mantequilla

Con 24 o 48 horas de antelación (depende de la intensidad de sabor deseada), ponga los huevos y las trufas en un recipiente de cierre hermético; el aroma de las trufas se introducirá en el huevo a través de los poros de la cáscara.

Para preparar los huevos pasados por agua, sumérjalos durante 3 minutos en agua hirviendo y retírelos.

Unte con mantequilla las rebanadas de pan artesano y ralle las trufas por encima.

Ponga los huevos pasados por agua en hueveras individuales y retire la parte superior. Sírvalos acompañados de tostadas espolvoreadas con trufa.

59. Huevos revueltos con trompetas de la muerte

Ingredientes para 4 personas
*8 huevos
100 g de trompetas de los muertos
2 cucharadas soperas de nata espesa
4 cucharadas soperas de aceite de oliva virgen extra
sal y pimienta*

Limpie las setas sin mojarlas. En una sartén antiadherente caliente dos cucharadas de aceite; saltee las setas cortadas en trozos gruesos hasta que se evapore el agua que sueltan. Sáquelas de la sartén y resérvelas calientes.

Seque la sartén con papel absorbente y caliente otras dos cucharadas de aceite a fuego lento.

Mientras bata los huevos en un bol, salpimiéntelos y échelos en la sartén, removiéndolos bien para evitar que se peguen. Cuando empiecen a cuajar, retírelos del fuego y añada la nata y las setas.

Mezcle todo bien y sirva acompañado con pan tostado.

60. Cazoletas de huevos con champiñones

Ingredientes para 4 personas
4 huevos
500 g de champiñones cultivados frescos
2 cucharadas soperas de nata
aceite de oliva virgen extra
sal y pimienta

Lave los champiñones y córtelos en láminas. Caliente aceite en una sartén y saltee los champiñones; salpimiéntelos al final de la cocción y añada la nata.

En cuencos individuales ponga una corona de champiñones y la clara de un huevo. Hornee durante unos minutos.

Cuando la clara comience a estar hecha, añada una yema en cada cuenco y hornéelos de nuevo durante 2 minutos.

Sirva los huevos acompañados de un bollo de pan de Viena caliente.

61. Revuelto de trufa

Ingredientes para 4 personas
8 huevos
20 g de mantequilla
1 bote de 32 g de trufas en conserva
4 cucharadas de nata
sal y pimienta

Bata los huevos con un tenedor, póngalos en un recipiente con cierre hermético y añada las trufas cortadas en juliana (reserve una lámina por persona para decorar los platos) y el jugo de trufa; salpimiente y remueva bien. Cierre herméticamente el recipiente y déjelo reposar sin abrir durante 1 hora y 30 minutos.

A continuación, ponga la mezcla en una cazuela y cuézala al baño María removiéndola constantemente con un batidor. Cuando el huevo empiece a cuajarse, añada la mantequilla y la nata. Siga removiendo durante unos instantes.

Sirva el revuelto en cazoletas individuales decoradas con las láminas de trufa reservadas.

62. Huevos pasados por agua con puré de trufa

Ingredientes para 4 personas
8 huevos muy frescos
150 g de trufas de Périgord en conserva
15 cl de leche
20 g de harina
125 g de mantequilla
2 cucharadas soperas de nata
5 cl de vino de Madeira
32 g de jugo de trufa
sal y pimienta

Con 24 o 48 horas de antelación, según la intensidad de sabor deseada, ponga los huevos y las trufas en un recipiente herméticamente cerrado; el aroma de las trufas se introducirá en el huevo a través de la cáscara porosa.

Pele las trufas y páselas por la batidora para obtener un puré muy fino. Prepare una bechamel derritiendo 50 g de mantequilla en un cazo; añada la harina, remueva bien la mezcla y deje que espume unos instantes, pero no permita que coja color. Vaya añadiendo la leche sin dejar de remover para evitar que se formen grumos. Cuando empiece a hervir, deje reposar la mezcla unos instantes. Resérvela.

Vierta en una cazuela el vino y el jugo de trufa. Déjelo reducir hasta que apenas quede un poco de líquido de aspecto almibarado y, entonces, incorpore la nata y la bechamel. Cueza a fuego lento durante 4 o 5 minutos. Añada 50 g de mantequilla reblandecida y remueva con vigor. Salpimiente.

Sumerja los huevos 3 minutos en agua hirviendo y retírelos. Quite la parte superior de la cáscara, elimine con una cucharilla la parte clara no cocida y sustitúyala por el puré de trufa. Sirva dos huevos por persona y presente una tercera huevera llena de puré de trufa. Acompañe con pan artesano tostado.

63. Farra con rebozuelos

Ingredientes para 4 personas
2 farras
500 g de rebozuelos
medio vaso de jurançon suave o un vino similar
1 ajo chalote
1 cebolla
1 ramillete de hierbas aromáticas
1 zanahoria
25 cl de nata
aceite de oliva virgen extra
sal y pimienta

Vacíe y lave las farras; séquelas bien con papel absorbente y póngalas en una cazuela grande, junto con la zanahoria cortada en rodajas, la cebolla troceada y el ramillete de hierbas aromáticas. Cubra con agua fría salada.

Cuando arranque la ebullición, aparte la cazuela del fuego, tápela y deje reposar durante 5 minutos las farras. A continuación, escúrralas y resérvelas.

Limpie los rebozuelos, trocéelos y sofríalos durante unos minutos en una sartén con aceite y ajo chalote picado bien fino. Añada el vino y deje que reduzca por completo antes de añadir la nata. Si es necesario, rectifique la sal y la pimienta.

Deje que la crema reduzca a la mitad y unte las farras con ella. Sírvalas en seguida.

64. Tortillas con trufa

Ingredientes para 4 personas
12 huevos
1 bote de 32 g de trufas en conserva
mantequilla
sal y pimienta

Casque los huevos en un recipiente con cierre hermético y bátalos con la ayuda de un tenedor; añada las trufas cortadas en láminas finas (reserve algunas para decorar), vierta el jugo de la trufa, eche un poco de sal y pimienta, y remueva bien. Cierre herméticamente el bote y déjelo reposar, sin abrirlo, durante 1 hora y 30 minutos aproximadamente.

A continuación, ponga una sartén pequeña en el fuego con un poco de mantequilla. Cuando esté caliente, vierta la mezcla y haga las tortillas a fuego fuerte, con la ayuda de una espátula de madera.

Sirva las tortillas poco hechas y decoradas con láminas de trufa.

Recuerde que un exceso de cocción anularía el aroma y que, por lo tanto, es preferible que la tortilla quede poco hecha.

65. Osobuco con setas

Ingredientes para 4 personas
*4 lonjas de corvejón de ternera de 4 cm de grosor cada una
400 g de setas silvestres: variedades poco aromáticas (se recomienda añadir
1 cucharada sopera de polvo de boletos comestibles)
1 cebolla
1 lata grande de tomates pelados al natural
15 cl de vino tinto con cuerpo
2 cucharadas soperas de harina
4 cucharadas soperas de aceite de oliva virgen extra
sal*

Frote la carne con sal gorda y enharínela; dórela con aceite de oliva en una sartén grande; resérvela.

Limpie bien las setas y trocéelas. En el mismo aceite de la carne rehogue la cebolla picada durante unos minutos, hasta que coja color, y, a continuación, añada las setas; remueva unos minutos.

Riegue con vino tinto y deje que se evapore durante 1 minuto. Incorpore la carne y los tomates pelados con la mitad de su jugo; rectifique la sal. Deje que se haga a fuego lento durante 1 hora y 30 minutos.

66. Torrijas con trufas

Ingredientes para 4 personas
2 huevos
25 cl de leche
125 g de trufas negras
media barra de pan del día anterior
1 cucharada sopera de aceite de cacahuete
50 g de mantequilla
125 g de lechuga
125 g de parmesano sin rallar
50 g de recortes de foie gras *crudo o cocido*
aroma de trufa
5 cl de vinagre balsámico
10 cl de aceite de oliva virgen extra
sal fina y pimienta

Casque los huevos en un plato hondo, vierta la leche y sazone con sal, pimienta y aroma de trufa; bata bien todos los ingredientes.

Corte 12 rodajas muy finas de trufas y pique el resto. Corte la barra de pan al bies en rebanadas de 3 cm de grosor. Báñelas en la leche, déjelas escurrir y espolvoree encima las trufas picadas.

Derrita la mantequilla, junto con el aceite de cacahuete, en una sartén antiadherente y dore las rebanadas de pan por las dos caras.

Emulsione el aceite de oliva y el vinagre, aliñe la lechuga (reserve un poco de vinagreta) y repártala en forma de cúpula en cada plato. Espolvoree con toques de parmesano. Extienda con cuidado un poco de foie gras sobre cada torrija y añada una rodaja de trufa. Colóquelas sobre la ensalada y riéguelas con el resto de la vinagreta.

67. *Parfait* de hígado de ave con trufa

Ingredientes para 6 personas
*250 g de hígado de ave
250 g de mantequilla
60 g de trufas
25 cl de Sauternes
sal y pimienta*

Salpimiente el hígado de ave y déjelo a marinar en vino blanco durante, al menos, 1 hora.

Vierta en una cazuela el hígado y la marinada, y deje cocer a fuego lento removiendo de vez en cuando. Cuando el hígado adopte un tono rosado, retírelo del fuego y macháquelo con la mantequilla. Añada sal y pimienta al gusto.

Reserve unas láminas de trufa para decorar el plato y corte el resto en juliana. Incorpore la trufa troceada al hígado y disponga el conjunto en un molde pequeño. Decórelo con las láminas de trufa, cúbralo y refrigérelo en la nevera hasta el día siguiente. Sirva acompañado de tostadas.

68. Paté de pato trufado con *foie gras*

Ingredientes para 4 personas
1 foie gras fresco de 750 g
2 cucharadas soperas de oporto
4 ajos chalotes grandes
1 cucharada sopera de grasa de pato
2 cucharadas soperas de vino de Madeira
300 g de magro de pato
300 g de papada de cerdo
1 diente de ajo picado
hojas de estragón
1 cucharadita de hojas de tomillo
1 pellizco de 4 especias
1 trufa
sal y pimienta molida

Deje macerar el *foie gras* desnervado en el oporto, añada un poco de sal y una cucharadita de pimienta, y envuélvalo en film transparente; déjelo reposar hasta el día siguiente.

Pele los ajos chalotes, píquelos y dórelos en un poco de grasa de pato. Utilice el vino de Madeira para desglasar y flamear. Reserve la preparación.

Pase toda la carne del relleno por la máquina de picar y añada el ajo, el estragón, el tomillo, las cuatro especias, los ajos chalotes y la marinada de *foie gras*.

Encienda el horno a 180 °C. Cubra el fondo de una fuente con la mitad del relleno y añada la trufa cortada en láminas finas y el *foie gras*. Cúbralo todo con el resto del relleno. Ponga la fuente al baño María y hornéela durante 1 hora y 30 minutos. Cuando la fuente se enfríe por completo, sáquela del horno y métala en la nevera.

Deje reposar el paté durante al menos 24 horas antes de consumirlo.

69. Paté de hígado de ave con boletos comestibles

Ingredientes para 4 personas
*3 sombreros de boletos comestibles pequeños
500 g de hígado de ave
100 g de tocino
1 cebolla pequeña, 2 ajos chalotes
2 dientes de ajo, 2 hojas de laurel
1 ramita de tomillo, 1 ramita de romero
1 vasito de armañac o similar
1 vasito de coñac
100 g de mantequilla
1 cucharada sopera de aceite de oliva virgen extra
sal y pimienta*

Trocee el tocino y rehóguelo durante 4 o 5 minutos en una cazuela. Añada la cebolla y el ajo chalote picados, y déjelos en el fuego hasta que se vuelvan transparentes.

Trocee el hígado de ave, pique los dientes de ajo e incorpórelo todo al preparado anterior, junto con el laurel, el tomillo y el romero. Prosiga la cocción 5 minutos más a fuego moderado. Riegue con el armañac y el coñac, y deje que se evaporen. Añada 75 g de mantequilla y aparte la cazuela del fuego. Deje enfriar unos minutos, extraiga las hierbas aromáticas. Salpimiente. Pase la mezcla por la batidora hasta obtener una espuma untuosa y llene con ella un pequeño tarro.

En una sartén caliente la mantequilla restante con una cucharada sopera de aceite y saltee rápidamente los tres sombreros de boletos. Escúrralos y sumérjalos en el preparado anterior (tienen que emerger a la superficie).

Ponga el tarro al baño María y coloque la olla en el horno precalentado a 180 ºC. Hornee 1 hora, y deje que enfríe fuera del horno. Conserve el paté en frío y sírvalo en tajadas.

70. Pulpetas de champiñones

Ingredientes para 5 personas
1 mesenterio grande de cerdo
20 champiñones cultivados grandes
150 g de hojas de acelgas o de espinacas
1 cebolla grande
1 manojo de cebolletas
1 manojo de perejil
1 queso petit-suisse
2 huevos
2 rodajas de miga de pan
200 g de carne picada
3 cucharadas soperas de leche
hojas de acedera, hinojo y menta
nuez moscada
mantequilla
sal y pimienta

Ponga el mesenterio en remojo el día anterior en un bol con agua fría.

Pique las acelgas, el perejil, las cebolletas, la acedera, el hinojo, la menta y la cebolla. Envuélvalo todo con un trapo y exprima bien para que pierda el agua; póngalo en un bol y mezcle con la miga de pan remojada en leche, el queso y la yema de huevo. Amase bien y salpimiente.

En otro bol mezcle la carne picada con un huevo, nuez moscada, pimienta y sal.

Limpie los champiñones y quíteles los pies. Llene la mitad de los sombreros con el primer preparado y la otra mitad con el segundo.

Corte el mesenterio a lo largo en ocho cuadrados iguales. Junte los champiñones de dos en dos y envuélvalos en un trozo de mesenterio. Dispóngalos en una bandeja de horno ligeramente untada con mantequilla y hornee a 180 ºC durante 25 o 30 minutos. Sirva en seguida.

71. *Petit brie* trufado

Ingredientes para 8 personas
1 queso petit brie entero con el corazón blando
20 g de trufas frescas

Corte dos veces el queso en horizontal y a lo largo hasta obtener tres discos. Corte las trufas en láminas finas y dispóngalas entre cada disco de queso. Envuelva el queso reconstituido en film transparente y métalo en el frigorífico durante 72 horas.

Antes de consumirlo, déjelo a temperatura ambiente durante al menos 1 hora, pero no lo desenvuelva hasta el momento de servirlo.

72. Pequeña fritura forestal

Ingredientes para 4 personas
*800 g de setas variadas:
rebozuelos, trompetas de los muertos, níscalos, galampernas...
1 cucharada sopera de perejil picado
2 limones
4 huevos
pan rallado
aceite de oliva virgen extra
sal y pimienta*

Limpie bien todas las setas sin mojarlas y córtelas en trozos grandes.

En un bol bata los huevos con un pellizco de pimienta y sal.

Caliente aceite (unos 3 o 4 cm de altura) en una sartén. Reboce los trozos de seta con huevo y pan rallado, y póngalos en la sartén. Deles la vuelta varias veces hasta que se doren y queden crujientes. Fría pequeñas cantidades cada vez.

Espolvoree las setas con perejil picado fino y sírvalas con rodajas de limón.

73. Pezizas con Cointreau

Ingredientes para 4 personas
400 g de pezizas anaranjadas
1 vasito de Cointreau
0,5 l de agua
125 g de azúcar en polvo

Lave las setas bajo el chorro del agua fría y séquelas rápidamente.

En una cazuela prepare un almíbar con el azúcar y el agua. Cuando arranque a hervir, añada las pezizas y déjelas a fuego lento durante 5 minutos. Escúrralas y póngalas en la bandeja de servir.

Espere a que se reduzca la mitad del almíbar a fuego fuerte y, una vez fuera del fuego, añada el licor.

Cubra las pezizas con este preparado. Deje que enfríen y póngalas luego en el frigorífico un mínimo de 3 horas.

74. Pizza de champiñones

Ingredientes para 4 personas
300 g de champiñones
10 g de levadura de panadero
2 cucharadas soperas de concentrado de tomate
250 g de harina
medio vaso de vino blanco
75 g de gruyer rallado
ajo, albahaca y tomillo
aceite de oliva virgen extra
sal y pimienta

Deje que la levadura gane volumen en agua tibia salada. Ponga la harina en un bol y añada el aceite, la levadura diluida y una pizca de sal. Trabaje la mezcla a mano sobre una superficie enharinada hasta la obtención de una pasta lisa y elástica. Haga una bola, enharínela y déjela reposar en el bol. Con la ayuda de un pincel unte ligeramente la superficie con aceite, para evitar que se seque, y cubra la masa con un paño limpio y seco. Deje que crezca en un lugar caliente durante 1 hora y 30 minutos (debería multiplicarse por dos).

Mientras, limpie y trocee los champiñones. Rehóguelos en una sartén con un poco de aceite, a fuego fuerte, hasta que se evapore el agua que sueltan. A mitad de cocción, añada ajo picado fino y salpimiente.

En una cazuela diluya el concentrado de tomate con el vino blanco, añada la albahaca y el tomillo picados, y deje que reduzca unos minutos.

Con la ayuda del rodillo extienda la masa de pizza en forma de rectángulo y póngala en la placa del horno untada con aceite; píntela con salsa de tomate, decore con los champiñones salteados y espolvoree el queso rallado. Hornéela 15 minutos a 240 ºC y sírvala en seguida.

75. Pleurotos empanados

Ingredientes para 4 personas
750 g de pleurotos
2 cucharadas soperas de leche
2 huevos
3 cucharadas soperas de ajos chalotes picados
5 cucharadas soperas de harina
1 cebolleta
aceite de oliva virgen extra
sal y pimienta

Elimine la parte arenosa de los pies de los pleurotos, páselos rápidamente por agua, con la ayuda de un colador, y séquelos utilizando papel absorbente.

Prepare en tres platos los siguientes ingredientes: pan rallado, harina y mezcla de huevo y leche. Pase sucesivamente los pleurotos por la harina, la mezcla de huevo y leche y el pan rallado. Dórelos en una sartén y salpimiéntelos.

Mezcle las cucharadas de ajo chalote picado con la cebolleta, también picada finamente. Espolvoree con esta mezcla los pleurotos y sírvalos.

76. Patatas con trufas

Ingredientes para 4 personas
8 patatas de piel dura
1 trufa de 50 g
perifollo
aceite de oliva virgen extra
flor de sal y pimienta

Cueza las patatas al vapor, pélelas y córtelas en rodajas finas. Dispóngalas sobre una fuente, intercalando las láminas de trufa. Añada la flor de sal, unas briznas de perifollo y una pizca de pimienta. Riéguelo todo con un chorrito de aceite.

77. Crema de verdura con trufas

Ingredientes para 4 personas
*1 carcasa de ave
2 cebollas
2 zanahorias
1 ramillete de hierbas aromáticas
3 yemas de huevo
0,25 l de jugo de trufa en conserva
1 trufa de 30 g
2 cucharadas soperas de nata espesada
sal y pimienta*

En una olla prepare un caldo con la carcasa de ave, las cebollas, las zanahorias, el ramillete aromático y 2 l de agua. En cuanto hierva, deje que siga cociendo a fuego lento 2 horas. A continuación, páselo por un colador y retire la grasa.

Añada el jugo de trufa y la nata, y ligue la preparación con las yemas de huevo, evitando que hierva. Sazone con sal y pimienta, y añada la trufa cortada en juliana. Sirva la crema bien caliente.

78. Cocido de capón con trufa

Ingredientes para 6 personas
1 capón de 1,5 kg
50 g de trufas frescas
5 puerros
5 zanahorias grandes
1 apio bola mediano
5 cebollas
2 clavos de especia
sal y 10 granos de pimienta negra

Introduzca con mucho cuidado, entre la piel y la carne del capón, 40 g de trufas cortadas en láminas finas, hasta cubrir toda la superficie. Pique el resto de la trufa e introdúzcala en el capón. Envuélvalo en un paño de cocina y resérvelo en la parte inferior del frigorífico durante 48 h.

Limpie y pele toda la verdura. Corte las zanahorias por la mitad, a lo largo, y el apio en cuatro trozos.

Ponga a hervir 1 l de agua salada en una olla y ponga dentro el capón, junto con la verdura, los clavos y los granos de pimienta. Cueza a fuego lento durante 1 hora aproximadamente, comprobando de vez en cuando la cocción (la carne tiene que estar en su punto, ni muy hecha ni muy cruda).

Sirva la carne y la verdura bien calientes, acompañadas por un poco de caldo.

Para esta receta es necesario utilizar trufas frescas, puesto que el sabor depende de la intensidad de perfume que transfiere la trufa a la carne del capón.

79. Champiñones al estilo griego

Ingredientes para 4 personas
*400 g de champiñones silvestres
1 lata pequeña de concentrado de tomate
10 cl de vino blanco seco
2 cucharadas soperas de aceite de oliva virgen extra
zumo de medio limón
semillas de cilantro
finas hierbas
sal y pimienta*

Elimine la parte de los champiñones que tenga tierra y páselos rápidamente por agua fría, evitando que se empapen de agua; séquelos con papel absorbente y trocéelos.

En una sartén ponga el aceite, el concentrado de tomate, el vino blanco, el zumo de limón, una cucharadita de semillas de cilantro envueltas en un trozo de gasa, una pizca de finas hierbas, pimienta y sal. Deje que arranque la ebullición.

Añada entonces los champiñones y déjelos a fuego lento hasta que se evapore por completo el líquido. Retire el cilantro y deje que la mezcla se enfríe antes de ponerla en el frigorífico.

Sirva los champiñones fríos, pero no helados, para evitar que los aromas queden anulados.

80. Puré de setas

Ingredientes para 4 personas
500 g de setas de carne blanca
0,5 l de salsa bechamel
1 limón
25 cl de nata espesa
nuez moscada
aceite de oliva virgen extra
sal y pimienta

Limpie bien las setas. Caliente aceite en una cazuela y rehogue unos minutos las setas junto con el zumo de limón. Páselas a continuación por el pasapurés y ponga el preparado de nuevo en la cazuela. Salpimente y añada la bechamel y la nata. Incorpore por último un poco de nuez moscada.

Sirva el puré como guarnición o sobre rebanadas de pan tostado.

81. Puré de bejines lilacinos

Ingredientes para 4 personas
500 g de bejines lilacinos bien blancos
0,250 l de leche
2 cucharadas soperas de nata espesa
nuez moscada
sal y pimienta

Limpie bien las setas y córtelas en trozos grandes. Póngalas en una cazuela junto con la leche y deje que arranque el hervor. Salpiméntelas y déjelas en el fuego unos 20 minutos.

Bátalas hasta obtener un puré liso. Añada un poquito de nuez moscada y la nata. Mezcle bien. Corrija el sazonado cuanto sea necesario y deje que espese unos instantes a fuego lento.

Sirva el puré caliente como guarnición de carne asada.

82. Albóndigas de setas

Ingredientes para 4 personas
250 g de boletos comestibles
200 g de pan rallado
4 huevos
5 cucharadas soperas de nata espesa
1 cebolla
1 cucharada sopera de bourbon
1 cucharada sopera de perejil picado
25 g de mantequilla
aceite de oliva virgen extra
sal y pimienta

Limpie y corte en trozos finos los boletos comestibles. En una sartén grande rehogue en un poco de aceite la cebolla picada durante 5 minutos. Añada las setas y deje que se hagan durante 7 u 8 minutos. Deje que enfríen y, a continuación, páselas por el pasapurés con el pan rallado y una cucharada de nata, para obtener una crema homogénea. Salpimiente.

Bata a punto de nieve muy consistente las claras de los huevos (reserve las yemas) y añádalas con cuidado a la mezcla anterior. Forme albóndigas con dos cucharadas soperas de masa cada vez y cuézalas a fuego medio en una cazuela grande con agua.

Ponga el resto de la nata en un cazo, junto con las yemas de huevo, la mantequilla, el perejil y el bourbon. Cocine a fuego lento, para que espese la salsa. Escurra las albóndigas y cúbralas con esta salsa. Sírvalas en seguida.

83. Albóndigas de salmón y trompetas de la muerte

Ingredientes para 4 personas
500 g de salmón fresco
250 g de trompetas de los muertos
3 huevos
25 g de mantequilla
1 ajo chalote
1 cucharada sopera de harina
50 cl de nata
aceite de oliva virgen extra
sal y pimienta

La masa de las albóndigas debe prepararse un día antes: quite la piel y las escamas del salmón, y pase la carne por la batidora hasta que obtenga una pasta muy fina. Añada entonces con cuidado las claras de los huevos batidas a punto de nieve muy consistente. Salpimiente y meta la masa en el frigorífico hasta el día siguiente, al igual que las yemas de los huevos.

Bata de nuevo la pasta de salmón con la mitad de la nata, hasta obtener una crema fina muy homogénea. Forme las albóndigas con dos cucharadas soperas de este preparado y hiérvalas durante 20 o 25 minutos en una cazuela grande con agua; deje que arranque a hervir a fuego moderado.

Mientras tanto, limpie las trompetas de los muertos. Rehogue el ajo chalote picado en el aceite. Añada las setas y déjelas en el fuego unos minutos. Salpimiente y añada la harina y la mantequilla. Mézclelo todo bien y luego incorpore la nata poco a poco, hasta obtener una salsa untuosa. Por último, añada las yemas de huevo. Remueva la salsa con cuidado y déjela a fuego lento.

Escurra las albóndigas y sírvalas con la salsa de setas.

84. Quiche de champiñones

Ingredientes para 6 personas
250 g de champiñones cultivados
100 g de gruyer rallado
100 g de tocino
25 cl de nata
250 g de masa quebrada
3 huevos
nuez moscada
aceite de oliva virgen extra
sal y pimienta

Limpie las setas, trocéelas y rehóguelas en la sartén 10 minutos. Sáquelas de la sartén. A continuación, corte en dados el tocino, dórelos y resérvelos.

Encienda el horno a 210 ºC. Mientras tanto, extienda la masa quebrada y forre con ella un molde de quiche, teniendo cuidado de que no quede aire debajo. Rellene con los champiñones, el tocino cortado en dados y el queso rallado. Salpimiente.

En un bol bata los huevos con la nata y vierta la mezcla sobre los champiñones. Espolvoree un poco de nuez moscada por encima. Por último, hornee la quiche durante 25 o 30 minutos y sírvala caliente o tibia, con una ensalada como guarnición.

85. Guiso de codornices y liebre con champiñones y uvas

Ingredientes para 6 personas
6 codornices preparadas
600 g de champiñones silvestres
1 liebre preparada y vacía
50 g de tocino ahumado
100 g de uvas grandes
1 botella de vino tinto
1 cebolla grande
1 rama de apio
2 hojas de laurel
2 zanahorias
4 clavos
4 cucharadas soperas de harina
4 cucharadas soperas de aceite de oliva
sal y pimienta

Ponga a marinar dos horas antes en el vino tinto —con una hoja de laurel— la liebre troceada. Reserve el vino de este adobo.

Limpie bien los champiñones y corte los más grandes en láminas. Enharine las codornices y los trozos de liebre y dórelos en aceite en una gran cacerola. Apártelos y manténgalos calientes.

A continuación, en la misma cacerola rehogue la cebolla troceada, las zanahorias cortadas en rodajas finas, el apio picado y el tocino ahumado cortado en dados. Déjelo todo en el fuego 5 minutos, y luego añada los champiñones, el laurel y los clavos. Prosiga la cocción unos 10 minutos y riegue con el vino del adobo. Sazone y añada las codornices y la liebre. Déjelas a fuego lento 1 hora y 30 minutos, y añada la uva. Sírvalas con rebanadas de pan tostado o con pasta fresca.

86. Raviolis de trufas con *foie gras*

Ingredientes para 4 personas
175 g de harina
3 huevos
350 g de foie gras *fresco*
100 g de trufa negra
1 vaso de oporto
4 cucharadas soperas de fondo de ternera
50 g de mantequilla
1 l de caldo de gallina
sal y pimienta molida

Para preparar la pasta de los raviolis mezcle 175 g de harina, 2 huevos y una pizca de sal, y amase bien. Deje reposar la pasta durante 30 minutos cubierta con un paño limpio. Una vez transcurrido ese tiempo, extienda la masa con el rodillo hasta conseguir una lámina muy fina y divídala en dos. Trocee una buena parte del *foie gras* y salpimiente; disponga las porciones, bastante separadas, sobre una de las láminas de masa y cubra con la otra. Presione bien cada ravioli para que la masa quede bien sellada y, a continuación, córtelos con un cuchillo y deles la forma que prefiera.

    Para hacer la salsa, reduzca el oporto en un cazo. Añada el fondo de ternera, las trufas cortadas en juliana y una pizca de sal y pimienta. Deje cocer unos instantes. Vierta el resto del *foie gras*, cortado en dados, añada la mantequilla y monte la salsa con la ayuda de un batidor.

    Vierta el caldo de gallina en una olla y, cuando empiece a hervir, agregue los raviolis. Déjelos cocer 3 minutos; luego retírelos y escúrralos. Póngalos en platos hondos y cúbralos con salsa de trufas.

87. Raviolis y escalope de ave con trufas

Ingredientes para 4 personas
*4 escalopes de pavo o pollo
1 bote de 16 g de trufas en conserva
20 cl de nata
350 g de harina
4 huevos
1 rodaja de roquefort o gorgonzola
sal y pimienta*

Vierta la nata en un tarro de cierre hermético, añada las trufas ralladas, junto con el jugo, y salpimiente; remueva bien, cierre el tarro y déjelo reposar durante 60 o 90 minutos.

Prepare la pasta de los raviolis amasando la harina, los huevos y una pizca de sal. Deje reposar la masa durante media hora cubierta con un paño limpio. Transcurrido ese tiempo, extiéndala con el rodillo hasta conseguir una lámina muy fina. Divídala en dos. Sobre una de las mitades, disponga cubos de queso dejando unos 8 cm de separación entre ellos y, después, cubra todo con la otra lámina. Presione cada ravioli para que queden sellados, córtelos con un cuchillo y deles la forma que prefiera.

Fría los escalopes de ave con un poco de mantequilla. Hierva los raviolis en abundante agua salada durante 2 o 3 minutos (cuando suban a la superficie estarán listos) y retírelos con una espumadera. Sirva los escalopes en platos individuales, rodeados por raviolis.

Caliente en la sartén la crema de trufa durante 1 minuto, sin dejar que hierva, y viértala sobre los raviolis y los escalopes.

88. Raviolis trufados con tres quesos

Ingredientes para 5 personas
75 g de pecorino romano
125 g de parmesano
75 g de queso de cabra fresco
6 huevos
350 g de harina
50 g de mantequilla
60 g de trufa blanca
sal y pimienta

Ralle el pecorino y el parmesano (reserve 50 g) y pase el queso fresco por una muselina para eliminar los grumos. Mezcle bien los tres quesos y añada cuatro huevos. Salpimiente y meta la mezcla en el frigorífico durante media hora.

Mientras, prepare la pasta de los raviolis amasando 175 g de harina, dos huevos y una pizca de sal. Déjala reposar cubierta con un paño limpio durante 30 minutos. Extiéndala luego con el rodillo hasta conseguir una lámina muy fina y divídala en dos. Sobre una de las mitades, coloque las porciones de queso dejando unos 8 cm de separación entre ellas y cubra el conjunto con la otra lámina. Presione bien cada ravioli para que queden sellados, córtelos con un cuchillo y deles la forma que prefiera.

Hierva los raviolis en abundante agua salada durante 2 o 3 minutos (cuando suban a la superficie estarán listos), escúrralos y sírvalos en platos hondos. Riéguelos con mantequilla fundida, espolvoréelos con el parmesano rallado reservado y adorne los platos con láminas finas de trufa blanca.

89. Raviolis a la forestal

Ingredientes para 4 personas
300 g de pasta preparada según la receta base (véase pág. 36)
250 g de champiñones silvestres
media lata de tomates pelados al natural
medio vaso de vino blanco seco
1 ajo chalote
1 cebolla
1 cucharada sopera de nata espesa
1 diente de ajo
2 cucharadas soperas de gruyer rallado
2 cucharadas soperas de perejil picado
aceite de oliva virgen extra
sal y pimienta

Limpie los champiñones y córtelos en trozos grandes. En una cazuela rehogue en aceite la cebolla y el ajo chalote picados finos hasta que se vuelvan transparentes. Añada el ajo picado y prosiga la cocción unos minutos. Rehogue también los champiñones a fuego lento hasta que se evapore el agua que sueltan.

Escurra los tomates, páselos por el pasapurés y añádalos a la cazuela. Riegue con vino blanco, salpimiente y deje reducir. Agregue la nata y la mitad del perejil; mezcle bien.

Extienda la pasta hasta que tenga un grosor de unos 2 mm y córtela en rectángulos de 8 · 4 cm. Ponga en el centro una cucharadita del preparado anterior y selle bien los bordes. Hierva los raviolis durante 8 minutos en abundante agua salada. Escúrralos y espolvoree por encima el resto del perejil y el gruyer justo antes de servirlos.

90. *Risotto* con setas

Ingredientes para 4 personas
325 g de arroz largo
30 g de boletos comestibles deshidratados
300 g de champiñones cultivados
1 cebolla
2 cubitos de caldo de ave
50 g de mantequilla
aceite de oliva virgen extra
sal y pimienta

Ponga en remojo los boletos comestibles deshidratados en un pequeño bol con agua tibia durante 15 minutos. Limpie los champiñones y córtelos en láminas.

En una cazuela grande caliente la mitad de la mantequilla con una cucharada sopera de aceite y rehogue la cebolla picada. Añada los champiñones y déjelo a fuego lento unos minutos. Escurra los boletos comestibles, píquelos y añádalos a la cazuela (reserve el agua del remojo). Salpimiente.

Prepare en una olla un caldo de ave con 1,5 l de agua hirviendo y los cubitos de caldo.

Añada el arroz a las setas y deje que hierva 2 o 3 minutos; después, riéguelo con el caldo (añada un cucharón cada vez conforme el arroz vaya absorbiendo el caldo), manteniendo una ebullición ligera y removiendo constantemente, hasta que el *risotto* esté hecho; necesitará unos 20 o 25 minutos, dependiendo de la variedad de arroz empleada.

Si es necesario, rectifique la sal y, por último, añada una cucharadita de mantequilla antes de servir el *risotto*.

91. *Risotto* con trufas

Ingredientes para 4 personas
1 trufa
40 cl de caldo de ternera
250 g de arroz redondo
130 g de mantequilla
25 g de virutas de parmesano
sal y pimienta

Recorte la trufa en forma de cilindro y, después, córtela en láminas finas; resérvelas. Recupere los recortes y píquelos; mézclelos en una cazuela con 10 cl de caldo de ternera. Remueva y deje reducir hasta que obtenga una pasta idéntica a la tapenade (pasta de olivas y anchoas).

Vierta el caldo de ternera restante en una cazuela y añada agua hasta obtener 1,5 l de líquido. En cuanto empiece a hervir, baje un poco el fuego y deje que dé otro hervor.

Vierta el arroz y la mantequilla en una sartén grande. Cuando lleve 2 o 3 minutos en el fuego, empiece a añadir cucharones de caldo (uno cada vez) sin dejar de remover. Añada caldo a medida que lo absorba el arroz, hasta que la preparación esté cocida (por lo general, tarda entre 20 y 25 minutos). Entonces agregue la pasta de trufa y mezcle bien.

Sirva el *risotto* muy caliente, adornado con láminas de trufa y virutas de parmesano.

92. Bacalao fresco con champiñones a la provenzal

Ingredientes para 4 personas
800 g de bacalao fresco entero
800 g de champiñones cultivados frescos
1 cebolla mediana picada
1 cucharada sopera de albahaca picada
1 diente de ajo pelado
1 ramillete de hierbas aromáticas
3 tomates grandes pelados o 1 lata pequeña de tomates pelados
2 cucharadas soperas de aceite de oliva virgen extra
sal y pimienta

Corte la punta arenosa de los champiñones, lávelos y trocéelos. Rehóguelos, junto con la cebolla, en una cazuela con una cucharada de aceite de oliva. Añada el ajo pelado, los tomates y la albahaca.

Ponga una cucharada de aceite en una sartén antiadherente y dore el bacalao por todas sus caras; luego incorpórelo a la cazuela del sofrito, junto con el ramillete de hierbas aromáticas. Salpimiente.

Meta la cazuela en el horno durante 5 minutos, tapada, rociando el bacalao de vez en cuando con su propia salsa. Sírvalo caliente.

93. Rollitos con trufa

Ingredientes para 4 personas
2 hojas de hojaldre de mantequilla pura
1 bote de 30 g de trufas negras o blancas
75 g de mantequilla blanda
1 yema de huevo
flor de sal

Para preparar la mantequilla de trufa, trocee finamente las mondaduras de trufa y mézclelas con su jugo y con 40 g de mantequilla blanda. Remueva bien la mezcla.

Coloque una hoja de hojaldre sobre la superficie de trabajo y úntela con mantequilla de trufa. Disponga la segunda hoja encima y úntela también con mantequilla de trufa. Enrolle el hojaldre y envuelva el cilindro resultante en una hoja de papel encerado; métalo en el congelador durante 30 minutos.

Encienda el horno a 210 °C. Derrita el resto de mantequilla. Diluya la yema de huevo en un poco de agua.

Ponga un papel parafinado sobre la placa del horno y corte el rulo de pasta trufada en rodajas de 3 mm de grosor. Dispóngalas sobre la placa y riéguelas con la mantequilla fundida y la yema de huevo. Añada un poco de flor de sal y hornee durante 8 minutos.

Saque las hojas de hojaldre del horno y espere a que se enfríen. Pueden conservarse durante un tiempo en un recipiente hermético.

94. Vieiras al estilo forestal

Ingredientes para 4 personas
500 g de setas silvestres (por ejemplo, rebozuelos y boletos comestibles pequeños)
8 vieiras grandes
1 ajo chalote
2 cucharadas de aceite de oliva virgen extra
perejil
sal y pimienta

Limpie las vieiras conservando la carne y las conchas. Limpie las setas, evitando mojarlas, y trocéelas.

Rehogue en una sartén a fuego lento el ajo chalote bien picado con aceite. Saltee en la misma sartén las setas a fuego fuerte durante 10 minutos, para eliminar el agua. Salpimiente y espolvoree el perejil picado.

Ponga las medias conchas en una bandeja de horno y rellénelas con la mezcla de setas. Encienda el horno a 180 ºC.

Mientras, pase la carne de cada vieira por la plancha untada con aceite caliente unos 30 segundos por cara, y después añádala al relleno de las conchas. Hornéelas durante 5 minutos y sírvalas inmediatamente.

95. Vieiras con mantequilla de trufa

Ingredientes para 4 personas
1 bulbo de hinojo pequeño
2 alcachofas
12 vieiras
1 bote de 16 g de mondaduras de trufa
100 g de mantequilla
sal y pimienta

Cueza las alcachofas en agua hirviendo con sal durante 45 minutos. Una vez transcurrido ese tiempo, elimine las hojas exteriores y la pelusa, y corte los corazones en láminas finas.

Pele el hinojo, lávelo y córtelo. Póngalo en una sartén, junto con una cucharada sopera de agua y 25 g de mantequilla; cocínelo hasta que se vuelva transparente. Añada entonces las láminas de alcachofas y salpimiente. Reserve caliente.

Corte la mantequilla en dados pequeños. Vierta el jugo de trufa en un cazo, póngalo al fuego y monte la mantequilla con un batidor hasta que obtenga una salsa esponjosa. Añada las mondaduras de trufa y reserve.

Saltee las vieiras en una sartén caliente. Sírvalas en platos, sobre una base de verdura, y riéguelas con la salsa de trufa.

96. Ensalada con trufa

Ingredientes para 4 personas
250 g de lechuga variada
40 g de trufas frescas
6 cucharadas soperas de aceite de girasol
2 cucharadas soperas de vinagre
media cucharada de café de mostaza fuerte
sal y pimienta

Limpie bien las trufas y séquelas con un paño. Métalas en un tarro pequeño con cierre hermético, junto con el aceite. Ciérrelo y métalo durante 3 o 4 días en el frigorífico.

Una vez transcurrido ese tiempo, saque las trufas del frasco y rállelas. A continuación, prepare una vinagreta con el aceite perfumado con trufa, el vinagre, una pizca de sal y otra de pimienta.

Lave bien la lechuga y escúrrala. Aliñe la ensalada y repártala en platos individuales. Por último, espolvoréela con la trufa rallada.

97. Ensalada de oronjas y boletos comestibles

Ingredientes para 4 personas
200 g de boletos comestibles pequeños
200 g de oronjas
1 cucharada sopera de perejil picado
4 cucharadas soperas de aceite de oliva virgen extra
zumo de medio limón
sal y pimienta

Limpie bien las setas (elimine las partes con tierra), séquelas con un trapo o un papel absorbente húmedo y córtelas en láminas finas; póngalas en una ensaladera y riéguelas con el aceite y el zumo de medio limón. Salpimiente de forma moderada y remueva con cuidado. Espolvoree perejil y sirva la ensalada en seguida.

98. Ensalada de matacandiles

Ingredientes para 4 personas
400 g de matacandiles
zumo de medio limón
1 cucharada sopera de perifollo
3 cucharadas soperas de aceite de oliva virgen extra
sal y pimienta

Para esta receta debe usar matacandiles pequeños y consistentes cuyo sombrero aún no se haya abierto. Límpielos bien y quíteles los pies. Corte los sombreros en láminas finas; póngalos en una ensaladera y riéguelos con el zumo de limón. Añada el aceite, el perifollo picado y un poco de sal y pimienta. Remueva bien y sirva la ensalada en seguida.

99. Ensalada de rebozuelos

Ingredientes para 4 personas
*400 g de rebozuelos pequeños
1 cucharada sopera de cebolleta picada
1 cucharada sopera de vinagre de vino viejo
4 cucharadas soperas de aceite de oliva virgen extra
sal y pimienta*

Limpie bien las setas y córtelas en láminas finas. Póngalas en una ensaladera y riéguelas con aceite y vinagre. Salpimiéntelas, remuévalas bien y déjelas macerar al fresco durante 6 horas. Por último, espolvoree la cebolleta picada en el momento de servir la ensalada.

100. Ensalada de rape con mantequilla de trufa

Ingredientes para 5 personas
250 g de rape
500 g de lechuga variada
40 g de trufa negra
2 ajos chalotes grandes
medio bulbo de hinojo fresco
12 cl de vino blanco seco
200 g de mantequilla semisalada
1 cucharada sopera de aceite de oliva virgen extra
sal y pimienta

Pele el hinojo y los ajos chalotes, y córtelos en trozos finos. Échelos en una cazuela y rehóguelos en aceite caliente durante 5 minutos. Incorpore el vino blanco y déjelo reducir durante 10 minutos. A continuación, añada las trufas picadas y aparte la cazuela del fuego. Agregue la mantequilla blanda de forma gradual, sin dejar de remover. Salpimiente.

En una sartén antiadherente saltee rápidamente el rape a fuego fuerte. Sirva el pescado sobre una base de lechuga y riéguelo con la mantequilla de trufa al hinojo.

101. Ensalada forestal de salmonetes

Ingredientes para 4 personas
4 filetes de salmonete
100 g de boletos comestibles
100 g de pies azules
100 g de rebozuelos
100 g de trompetas de los muertos
200 g de escarola
1 ajo chalote
1 cucharada sopera de cebolleta picada
1 cucharada sopera de perejil picado
1 cucharada sopera de vinagre
5 cucharadas soperas de aceite de oliva virgen extra
sal y pimienta

Lave la escarola y escúrrala bien. Limpie las setas y trocéelas. En una sartén rehogue en un poco de aceite el ajo chalote picado durante unos minutos y añada las setas. Déjelas en el fuego hasta que se evapore por completo el agua que sueltan. Salpimiente y sáquelas de la sartén.

En la misma sartén fría los filetes de salmonete unos 2 minutos aproximadamente.

Prepare una vinagreta con el aceite, el vinagre, la sal y la pimienta, y mézclela con los jugos de la cocción de las setas y el pescado.

Ponga en cada plato una base de escarola, una porción de setas salteadas y un filete de salmonete. Espolvoree con perejil y cebolleta, y rocíe con el jugo de cocción. Sirva la ensalada inmediatamente.

102. Ensalada de trufas negras

Ingredientes para 4 personas
40 g de brisura de trufa negra
6 cucharadas soperas de aceite de girasol
4 huevos
1 trufa pequeña fresca (o en conserva)
2 quesos Saint Marcelin
4 rebanadas grandes de pan de levadura
1 corazón grande de lechuga
2 cucharadas soperas de vinagre de Jerez
1 ajo chalote
sal y pimienta

Coloque la brisura de trufa en un tarro pequeño de cierre hermético, junto con el aceite; cierre el bote y resérvelo 3 o 4 días en el frigorífico.

Una vez transcurrido ese tiempo, hierva los huevos en agua salada y déjelos enfriar. Córtelos en rodajas y la trufa en láminas finas.

Encienda el horno a 210 °C. Corte cada queso Saint Marcelin por la mitad, en horizontal y a lo largo, para formar cuatro discos; dispóngalos sobre las rebanadas de pan y hornéelos durante unos 10 minutos.

En una ensaladera prepare la vinagreta con el aceite perfumado, las brisuras de trufa, el ajo chalote troceado y el vinagre. Lave la lechuga, escúrrala y córtela; póngala en la ensaladera y mezcle bien con el aliño.

Para servir, coloque un poco de ensalada y una tostada con Saint Marcelin en cada plato, y decore con las rodajas de huevo y las láminas de trufa.

103. Ensalada forestal de espinacas

Ingredientes para 4 personas
400 g de espinacas frescas
400 g de setas silvestres: rebozuelos, boletos comestibles, armillarias color de miel, níscalos, galampernas y pies azules
100 g de tocino entreverado
1 cucharada sopera de vinagre
5 cucharadas de aceite de oliva virgen extra
sal y pimienta

Limpie las setas y córtelas en láminas finas. Lave las espinacas (deben ser hojas pequeñas y tiernas) y quíteles los extremos con cuidado; escúrralas evitando romperlas y póngalas en una ensaladera.

En una sartén caliente una cucharada grande de aceite de oliva y rehogue el tocino cortado en tiras finas durante 4 o 5 minutos. Añada las setas troceadas y saltéelas 5 minutos a fuego fuerte.

Prepare la vinagreta con cuatro cucharadas de aceite de oliva, una de vinagre, sal y pimienta. Viértala sobre las espinacas y añada el revoltillo de setas y tocino.

104. Ensalada marinera con pies azules

Ingredientes para 4 personas
250 g de calamares
250 g de gambas pequeñas
4 gambas grandes
8 cigalas
300 g de pies azules
1 cucharada sopera de perejil picado
1 diente de ajo
4 cucharadas de aceite de oliva virgen extra
zumo de 1 limón
vinagre de vino blanco
sal y pimienta

Ponga a hervir abundante agua con sal y cueza las gambas grandes durante 5 minutos. Limpie los calamares, quíteles los ojos y la «pluma» dorsal transparente. Añada a la olla las cigalas, las gambas pequeñas y los calamares. Prosiga la cocción durante 7 minutos, apague y deje que se enfríe todo en el caldo. Reserve dos cigalas con las pinzas para decorar y pele el resto del marisco. Parta por la mitad las gambas grandes y corte los calamares en rodajas.

Limpie los pies azules y sancóchelos en una mezcla de 2/3 de agua salada y 1/3 de vinagre de vino blanco durante 10 minutos. Escúrralos bien y mézclelos con una cucharada sopera de aceite.

Frote una ensaladera con ajo y ponga en ella los calamares, las cigalas, las gambas y las setas. Riegue con aceite de oliva y zumo de limón. Salpimiente y remueva bien (deje los dos trozos de ajo en el preparado). Tape la ensaladera y póngala en la nevera 1 o 2 horas para que los aromas se mezclen bien. En el momento de servir retire el ajo.

105. Ensalada variada con trufa

Ingredientes para 5 personas
6 cucharadas soperas de aceite de girasol
40 g de trufas (preferiblemente frescas)
200 g de milamores
4 patatas medianas
125 g de gambas grises peladas
25 g de mantequilla semisalada
1 cucharada sopera de vinagre
sal de Guérande y pimienta

Limpie bien las trufas y séquelas con un paño limpio antes de introducirlas en un tarro pequeño, junto con el aceite; cierre el bote herméticamente y resérvelo durante 3 o 4 días en el frigorífico.

Pele las patatas y cuézalas al vapor; deje que se enfríen un poco antes de cortarlas en rodajas. Reparta la milamores en varios platos y coloque las patatas encima.

En una sartén rehogue las gambas en la mantequilla durante unos instantes, a fuego lento. A continuación, repártalas entre los platos. Corte las trufas en láminas y dispóngalas sobre las patatas.

Riegue la ensalada con un chorro de aceite perfumado con trufa y unas gotas de vinagre. Añada un poco de sal de Guérande y pimienta.

106. Salteado de conejo con setas

Ingredientes para 4 personas
4 muslos de conejo grandes
400 g de setas silvestres variadas
50 g de tocino ahumado
1 cucharada sopera de harina
1 puerro
1 zanahoria
15 cl de vino blanco seco
3 cucharadas soperas de aceite de oliva virgen extra
sal y pimienta

Limpie bien las setas procurando no mojarlas y córtelas en láminas. Enharine los muslos de conejo y, en una cazuela, dórelos en el aceite; déjelos en el fuego 20 minutos; resérvelos.

Saltee en la misma materia grasa el tocino cortado en dados y el puerro y la zanahoria picados finos. Salpimiente y deje a fuego lento 6 minutos antes de regar con el vino blanco; luego añada las setas. Mantenga la cazuela en el fuego 5 minutos más, luego vuelva a poner la carne y remueva. Prosiga la cocción durante 5 minutos.

Si es necesario, corrija la sal y la pimienta, y sirva.

107. Suflé de pies azules

Ingredientes para 4 personas
150 g de pies azules
1/4 de sobre de levadura química
0,250 l de leche
1 ajo chalote
1 cebolla
1 cucharada sopera de polvo de trompetas de los muertos o boletos comestibles
5 huevos
80 g de harina
mantequilla
aceite de oliva virgen extra
sal y pimienta

Limpie bien las setas, sin mojarlas, y trocéelas. En una cazuela ponga la cebolla y el ajo chalote bien picados, con un buen chorro de aceite, y deje que suden. Añada la harina y deje que espese sin perder color. Espolvoree el polvo de setas y la levadura, vierta la leche y salpimiente; remueva a fuego lento hasta que la mezcla espese.

En una sartén saltee los pies azules con un poquito de aceite hasta que se evapore por completo el agua. Sale y añada la mezcla anterior. Deje que se enfríe el preparado antes de añadir las yemas de huevo. Bata las claras a punto de nieve muy consistente e incorpórelas lentamente al preparado.

Viértalo en un molde de suflé untado con mantequilla y enharinado, y métalo en el horno precalentado a 180 ºC durante 30 minutos.

108. Sopa forestal con trufa y raviolis

Ingredientes para 4 personas
1 carcasa de pato (o de otro tipo de ave)
2 cebollas
2 zanahorias
1 ramillete de hierbas aromáticas
175 g de harina
2 huevos
200 g de champiñones
2 cucharadas soperas de aceite de oliva virgen extra
40 g de mantequilla
100 g de ricotta
100 g de trufas frescas
sal y pimienta

En una olla prepare un caldo con la carcasa de pato, las cebollas, las zanahorias, el ramillete aromático y 2 l de agua. En cuanto empiece a hervir, deje que prosiga la cocción a fuego lento unas 2 horas. Luego pase el caldo por el chino y retire la grasa.

Prepare, por otro lado, la pasta de los raviolis amasando la harina, los huevos y una pizca de sal. Deje reposar la masa cubierta con un paño de cocina limpio durante 30 minutos. Una vez pasado ese tiempo, extienda la masa con el rodillo hasta conseguir una lámina muy fina y divídala en dos. Sobre una de las mitades disponga pequeñas porciones de queso, dejando unos 8 cm de separación entre ellas, y cubra el conjunto con la segunda lámina. Presione bien cada ravioli para que la masa quede sellada y, a continuación, córtelos con un cuchillo y deles la forma que prefiera.

Saltee en una cazuela con un poco de aceite de oliva los champiñones troceados durante 5 minutos. Añada el caldo de ave y déjelo cocer 20 minutos. Después agregue la mantequilla y salpimiente. Cuando arranque la ebullición, hierva los raviolis durante 1 minuto, escúrralos y repártalos en platos hondos; adorne los bordes con trufa y sirva.

109. Sopa toscana de champiñones

Ingredientes para 4 personas
0,5 l de caldo
600 g de champiñones cultivados
1 cucharada sopera de polvo de boletos comestibles o de trompetas de los muertos
1 cucharada sopera de albahaca fresca
1 lata grande de tomates enteros pelados al natural
2 dientes de ajo
parmesano rallado
aceite de oliva virgen extra
sal y pimienta

Limpie los champiñones, sin mojarlos, y córtelos en láminas finas. En una cazuela saltéelos en aceite con el ajo picado durante 10 minutos. Añada los tomates pelados pasados por el pasapurés y el polvo de setas. Déjelo todo en el fuego 10 minutos más, removiendo de vez en cuando.

Riegue el preparado con el caldo. Salpimiéntelo y deje que arranque a hervir. Retírelo entonces del fuego, añada la albahaca y sirva la sopa inmediatamente en una sopera previamente pasada por agua hirviendo. Espolvoree con parmesano rallado.

110. Suprema de pollo con rebozuelos

Ingredientes para 4 personas
4 pechugas de pollo sin piel
400 g de rebozuelos
1 ajo chalote
1 cucharada sopera de nata
1 cucharada sopera de perejil picado
1 naranja
1 yema de huevo
aceite de oliva virgen extra
sal y pimienta

Limpie los rebozuelos sin mojarlos (sólo quíteles la tierra) y trocee los más grandes.

Rehogue en una sartén con aceite las pechugas de pollo, unos 10 minutos por cada lado. Salpimiéntelas y resérvelas.

A continuación, mezcle el líquido de la sartén con zumo de naranja. Añada una cucharadita rasa de cáscara de naranja rallada muy fina y reserve caliente.

En otra sartén dore el ajo chalote picado con un poquito de aceite. Agregue los rebozuelos y cocínelos durante 10 minutos más. Aparte la sartén del fuego, vierta la nata y la yema de huevo, espolvoree el perejil y remueva bien todo hasta que la salsa adopte una consistencia untuosa.

Añada las pechugas de pollo y el jugo reservado anteriormente. Sirva en seguida.

111. Tallarines con armillarias color de miel

Ingredientes para 4 personas
400 g de tallarines preparados según la receta base (véase pág. 37)
500 g de armillarias color de miel pequeñas
1 cucharada sopera de perejil picado
1 diente de ajo
1 pizca de guindilla en polvo
50 g de mantequilla
2 cucharadas soperas de aceite de oliva virgen extra
parmesano rallado
sal y pimienta

Limpie bien las armillarias, quíteles los pies fibrosos y sancóchelas en abundante agua hirviendo durante 4 minutos. Escúrralas bien.

En una cacerola grande, caliente la mantequilla y el aceite de oliva, y rehogue durante unos segundos el ajo picado fino.

A continuación, añada las setas y el perejil, y espolvoree la guindilla. Deje a fuego suave unos 10 minutos.

Mientras tanto, hierva en abundante agua salada los tallarines al dente; escúrralos y póngalos en una bandeja. Vierta por encima la salsa y remueva con cuidado. Sírvalos en seguida con el parmesano rallado espolvoreado por encima.

112. Tarta forestal

Ingredientes para 6 personas
600 g de setas silvestres: rebozuelos y boletos comestibles
100 g de tocino ahumado
2 huevos
1 ajo chalote
1 cebolla mediana
1 diente de ajo
25 cl de nata
25 g de mantequilla
250 g de masa quebrada
aceite de oliva virgen extra
sal y pimienta

Si es posible, limpie las setas con un trapo para quitarles la tierra, pero sin lavarlas, para que no se empapen. En una sartén grande rehogue el diente de ajo, la cebolla y el ajo chalote bien picados. Añada el tocino ahumado cortado en tiras. Deje todo en el fuego durante 5 minutos.

Una vez transcurrido ese tiempo, incorpore las setas troceadas y la mantequilla, y salpimiente. Suba el fuego ligeramente para que se evapore el agua de la cocción (este proceso tarda unos 10 minutos). Encienda el horno a 210 ºC.

Extienda la masa quebrada y forre con ella un molde de tarta, con cuidado de que no coja aire (no pinche el fondo). Rellene con la mezcla anterior. Bata los huevos con la nata y viértalos sobre las setas. Ponga la tarta al horno y déjela durante 25 o 30 minutos. Sírvala sin esperar demasiado tiempo.

113. Hígado de ganso con setas silvestres

Ingredientes para 4 personas
125 g de hígado de ganso cocido
250 g de boletos comestibles
250 g de trompetas de los muertos
250 g de rebozuelos
1 vasito de armañac o similar
1 ajo chalote grande
1 cucharada sopera bien llena de nata
2 cucharadas soperas de perejil
4 hojas de gelatina
aceite de oliva virgen extra
sal y pimienta

Limpie todas las setas sin lavarlas y trocéelas.

Ponga en una sartén antiadherente, con fondo grueso y sin materia grasa, los boletos comestibles a fuego intenso durante 5 o 6 minutos para que suelten el agua; escúrralos y reserve el jugo. Haga lo mismo con los rebozuelos y reserve también el jugo. Realice la misma operación con las trompetas de los muertos, pero esta vez no conserve el jugo.

Rehogue el ajo chalote en aceite y ponga a fuego fuerte las setas escurridas hasta la completa evaporación de la humedad. Salpimiéntelas.

En una cazuela pequeña reduzca la nata y el jugo de las setas. Añada el perejil, el armañac y la gelatina, previamente reblandecida en agua fría y bien escurrida. Mézclelo todo bien antes de añadir el hígado cortado en trozos pequeños. Aplaste el preparado y vierta una capa de 1 cm en un bol pequeño, que antes debe haber pasado por agua fría y haber metido en el frigorífico.

Añada las setas al resto de la mezcla y viértala en el cuenco. Comprima bien para eliminar burbujas de aire y deje en la nevera un mínimo de 5 o 6 horas antes de desmoldar. Sirva el hígado muy frío.

114. Rebanadas de pan con champiñones

Ingredientes para 4 personas
8 rebanadas de pan
200 g de champiñones cultivados
medio limón
1 huevo
4 cucharadas soperas de nata
sal y pimienta

Limpie los champiñones y páselos por la máquina de picar carne. Póngalos en un bol junto con la nata, el huevo y un poco de sal y pimienta (si quiere, puede añadir especias, como nuez moscada o pimentón).

Mezcle bien todos los ingredientes.

Extienda el preparado sobre las rebanadas de pan. Colóquelas sobre una placa y hornéelas a 150 ºC durante 15 minutos, hasta que el pan esté tostado.

115. Tostadas gratinadas con trufa

Ingredientes para 4 personas
8 rebanadas de pan de molde
32 g de trufas
100 g de mantequilla
2 cucharadas de nata
50 g de parmesano rallado
sal y pimienta

Corte las trufas en láminas y mézclelas, a fuego lento, con 25 g de mantequilla. Tueste las rebanadas de pan de molde en el horno o en una tostadora. Disponga las láminas de trufa sobre el pan. Cúbralas con nata, salpimiente y espolvoree con el parmesano rallado.

Derrita el resto de la mantequilla y riegue con ella las tostadas. Hornéelas durante unos instantes a fuego fuerte, póngalas en platos y sírvalas bien calientes.

116. Rebanadas escandinavas con champiñones

Ingredientes para 4 personas
150 g de champiñones cultivados o 1 lata de 250 g
8 rebanadas de pan
250 g de queso blanco de 20 % de materia grasa
medio limón
pasas
estragón
perejil
ajo

Lave los champiñones, quíteles los pies y córtelos. Mézclelos en un bol con el queso blanco, el estragón, el perejil picado y el ajo aplastado.

Extienda sobre cada rebanada de pan una cucharadita de este preparado, póngalas en una bandeja y decórelas con pasas y rodajas de limón.

117. *Tournedó* con trufa

Ingredientes para 4 personas
4 solomillos de ternera
1 bote de 16 g de trufas en conserva
20 cl de nata
250 g de pasta fresca
sal y pimienta

Vierta la nata en un bote de cierre hermético, añada las trufas ralladas y su jugo, salpimiente y remueva bien. Cierre el frasco y métalo en el frigorífico durante 1 hora o 1 hora y 30 minutos.

Hierva la pasta fresca en abundante agua salada. Dore los solomillos a fuego fuerte y resérvelos.

A continuación, caliente en la sartén la crema de trufa, pero no deje que hierva.

Reparta la pasta fresca y los solomillos en cuatro platos, y báñelos con la salsa de trufa.

118. Pastel de hojaldre con trufas y *foie gras*

Ingredientes para 4 personas
1 trufa grande
4 rodajas pequeñas de foie gras *fresco*
4 discos de pasta de hojaldre de 12 cm de diámetro
4 discos de pasta de hojaldre de 8 cm de diámetro
1 cucharada sopera de vino de Madeira
1 yema de huevo
2 cucharadas soperas de caldo de ternera
sal de Guérande y pimienta

Meta la pasta de hojaldre en el congelador unos 15 minutos. Mientras, bata la yema de huevo en un bol pequeño y corte la trufa en láminas finas. Derrita la mantequilla en una sartén y añada las láminas de trufa; dórelas durante 1 minuto. Agregue el vino y el caldo de ternera, y deje reducir completamente durante 5 minutos aproximadamente; deje reposar 15 minutos para que se enfríe. Encienda el horno a 180 °C.

Saque la pasta de hojaldre del congelador y disponga las láminas de trufa sobre los discos de 8 cm, dejando un borde vacío alrededor. Cubra las láminas de trufa con una rodaja de *foie gras* y añada un poco de sal y pimienta. Pinte los bordes con la yema de huevo y cubra los hojaldres con los discos de 12 cm de diámetro. Selle bien los bordes y practique unas pequeñas muescas alrededor con un cuchillo. Haga un agujero en el centro de cada pastel e introduzca un pequeño cilindro de papel encerado como si fuera una chimenea. A continuación, coloree toda la superficie con el resto de yema de huevo.

Hornee los pasteles de hojaldre durante 25 minutos.

119. Pastel de salmón y champiñones

Ingredientes para 4 personas
2 lonchas de salmón ahumado
2 rollos de masa de hojaldre congelada
400 g de salmón fresco
1,2 kg de champiñones cultivados
1 bote de nata
1 yema de huevo
2 ajos chalotes
sal y pimienta

Escalde el salmón fresco durante 10 minutos y póngalo a escurrir en papel absorbente.

Prepare un relleno de champiñones a la crema: corte los champiñones y los ajos chalotes en dados pequeños, póngalos en una cazuela con ocho cucharadas soperas de nata y salpimiéntelos.

Extienda la masa de hojaldre en un molde. Ponga encima una loncha de salmón ahumado y desmigue el salmón escaldado. Cubra con la mitad del relleno de champiñones y realice de nuevo la operación. Extienda, por último, la segunda hoja de masa para cubrir la torta y ciérrela dejando una chimenea en el centro. Con la ayuda de un pincel pinte la parte superior de la torta con la yema de huevo batida.

Hornee el pastel durante 30 minutos a fuego medio.

120. Trufa con corteza de pan

Ingredientes para 6 personas
6 rebanadas grandes y finas de pan artesano
1 trufa
3 cucharadas soperas de vermut Noilly Prat
6 cucharadas soperas de nata
sal y pimienta

Corte la trufa en láminas finas; mézclelas en un cazo con el vermut y la nata, salpimiente y deje que den un hervor.

Mientras tanto, tueste las rebanadas de pan en la parrilla del horno, pero sólo por un lado.

En el momento de servir el plato, vierta la crema tibia en cuencos individuales y añada una rebanada de pan tostado.

121. Trufas con sal

Ingredientes para 4 personas
5 trufas frescas de 20 g
100 g de mantequilla
sal gorda de Guérande

Pique finamente una trufa y mézclela con la ayuda de un tenedor con la mantequilla ablandada. Póngala en la nevera durante 1 hora.

En el momento de servir, corte las trufas restantes en láminas finas y dispóngalas en los platos, acompañadas de una porción de mantequilla de trufa y una cucharadita de sal de Guérande. Complete la presentación con rebanadas de pan tostado.

122. Trufas hojaldradas

Ingredientes para 4 personas
4 trufas pequeñas
2 lonchas finas de jamón serrano
500 g de pasta de hojaldre de mantequilla pura
1 yema de huevo
sal y pimienta

Recorte la pasta de hojaldre en cuatro cuadrados de 15 cm de lado. Coloque una trufa sobre media loncha de jamón y añada un poco de sal y pimienta; a continuación, ponga una loncha en el centro de cada cuadrado; agregue una cucharadita de mantequilla y doble las esquinas hacia el centro; para sellar bien los cuadrados pince los bordes.

Bata la yema de huevo y, con la ayuda de un pincel, pinte los cuatro hojaldres. Por último, hornéelos durante 30 minutos a 180 °C.

123. Truchas con mantequilla de trufa

Ingredientes para 4 personas
4 truchas de 250 g
300 g de setas de París
1 bote de 32 g de trufas en conserva
2 ajos chalotes
1 vaso de vino blanco seco
2 cucharadas soperas de nata
175 g de mantequilla
1 yema de huevo
perejil
sal y pimienta

Limpie las setas, córtelas en láminas finas y póngalas en una sartén, junto con los ajos chalotes picados. Cocine durante unos 5 minutos y pase la mezcla por el chino para recoger el jugo. Vuelva a poner las setas y los ajos en la sartén y cocine durante 5 minutos más; después añada la nata y la yema de huevo, y salpimiente.

Elimine las vísceras de las truchas y enjuáguelas con abundante agua. Rellene cada trucha con las setas y cosa el orificio con hilo de cocina. Póngalas en una bandeja de horno untada con mantequilla, rocíelas con el vino blanco y salpimiéntelas. Hornee las truchas durante 20 minutos a 180 °C, dándoles la vuelta cuando haya transcurrido la mitad del tiempo de cocción.

Mientras tanto, mezcle el jugo del bote de trufas (las trufas no se usan en esta receta) con el de las setas de París y redúzcalo un poco; añada poco a poco la mantequilla restante.

Sirva las truchas untadas con mantequilla de trufa.

124. Crema de boletos comestibles

Ingredientes para 4 personas
500 g de boletos comestibles
1 cucharada sopera rasa de harina
1 l de caldo de carne
25 cl de nata
ajo
nuez moscada
perejil picado
aceite de oliva virgen extra
sal y pimienta

Elimine las partes con tierra de los boletos y limpie bien los sombreros; córtelos en láminas finas. Rehóguelos con un poco de aceite en una cazuela, hasta que estén bien dorados y el agua que sueltan se haya evaporado. Espolvoree entonces harina tamizada y remueva bien.

Deje secar unos instantes las setas antes de añadir el caldo. Sazone con sal, pimienta y nuez moscada. A continuación, deje que cueza con la tapadera puesta durante media hora, removiendo con regularidad.

Una vez transcurrido ese tiempo, pase todo el conjunto por la batidora hasta obtener una crema y luego añada la nata. Remueva bien y, antes de servir, espolvoree perejil picado; puede acompañar la crema con dados de pan frito ligeramente untados con ajo.

125. Crema de champiñones con ostras

Ingredientes para 4 personas
24 ostras
700 g de champiñones cultivados frescos o congelados
medio vaso de oporto
1 cucharadita de mantequilla
1 lata pequeña de jugo de trufas
1 ralladura de jengibre
2 ajos chalotes
4 dl de nata líquida
5 dl de leche
1 cucharada sopera de aceite de oliva virgen extra
hojas de perifollo

Pique los ajos chalotes y déjelos que suden en una mezcla de aceite y mantequilla.

Corte en trozos pequeños los champiñones y rehóguelos en una sartén con aceite; déjelos en el fuego tapados durante unos 10 minutos. Añada el oporto y deje que se reduzca por completo. Incorpore entonces el jugo de trufas, la nata y la leche. Cocine a fuego lento durante 15 minutos.

Mezcle con la batidora el preparado anterior y añada el jengibre; si la mezcla es demasiado espesa, aclárela con la leche.

Caliente ligeramente los boles de servir en el horno y ponga en cada uno seis ostras; vierta la crema de champiñones hirviendo sobre las ostras y decore con hojas de perifollo.

126. Crema de pleurotos

Ingredientes para 4 personas
400 g de pleurotos
1 cebolla grande
1 puerro grande
25 cl de nata
nuez moscada
aceite de oliva virgen extra
sal y pimienta

Limpie las setas, pele la cebolla y el puerro (conviene quitar la parte más verde, que generalmente es fibrosa), y trocee los tres ingredientes.

Ponga un poco de aceite en una cazuela y rehogue la cebolla y el puerro. Deje que suden durante 10 minutos a fuego lento, y luego riéguelos con 1,5 l de agua.

Añada las setas, salpimiente y deje hervir durante 1 hora. Páselo todo por la batidora hasta obtener una crema untuosa y consistente. Añada la nata y una pizca de nuez moscada rallada; mezcle bien.

Si es necesario, rectifique la sal y la pimienta, y sirva la crema muy caliente en una sopera previamente pasada por agua hirviendo.

127. Volován con morillas

Ingredientes para 4 personas
4 volovanes grandes
40 g de morillas secas
1 ajo chalote
1 cucharada sopera de harina
1 cucharada sopera de perejil picado
1 vaso de cava
3 cucharadas soperas de nata
50 g de mantequilla
salsa tabasco
sal y pimienta

Ponga las morillas en remojo en un poco de agua tibia durante 2 horas. Pasado ese tiempo, escúrralas y reserve el agua.

En un cazo, a fuego lento, funda la mantequilla; añada el ajo chalote y dórelo; agregue la harina y remueva bien. Deje que coja cuerpo durante 2 o 3 minutos, sin que pierda el color. Riegue con el cava y un cucharón pequeño del agua del remojo reservada. Remueva bien para evitar que se formen grumos. Salpimiente y deje que la mezcla espese.

Incorpore después la nata, dos gotas de tabasco, el perejil picado y, por último, las morillas. Deje que las setas se impregnen con la salsa, manteniéndolo todo a fuego lento durante 5 minutos.

Hornee los volovanes durante 3 minutos a 240 ºC y luego rellénelos con el preparado anterior. Cúbralos con las tapas de hojaldre y vuelva a introducirlos en el horno 2 minutos más. Sírvalos en seguida.

ÍNDICE DE RECETAS

A

Albóndigas de salmón y trompetas de la muerte, 113
Albóndigas de setas, 112

B

Bacalao fresco con champiñones a la provenzal, 122
Berenjenas rellenas con champiñones, 33
Beuchelle de Turena, 35
Blinis con boletos comestibles y vieiras, 37
Brioches con salsa Mornay y trufa, 38
Brochetas de rape, pimientos y champiñones, 39
Buñuelos de champiñones, 34

C

Calabacines con rebozuelos, 53
Capón con morillas a la pepitoria, 67
Cappellacci con boletos comestibles, 41
Cardos gratinados con trufas, 42
Carpaccio de vieiras con trufas, 43
Cazoletas de cigalas con boletos comestibles, 45
Cazoletas de gambas con trufas, 44
Cazoletas de huevos con champiñones, 90
Champiñones al estilo griego, 109
Champiñones en limosnera, 49
Champiñones rellenos, 50
Cocido de capón con trufa, 108
Codornices con champiñones y pasas, 40
Costillas de ternera con trufas y vino, 51
Crema de boletos comestibles, 154
Crema de champiñones con ostras, 155
Crema de pleurotos, 156
Crema de verdura con trufas, 107
Crepes de setas, 55

D

Delicia de boletos comestibles con base de patata, 60
Delicia de tomate con trufa blanca, 54
Dorada rellena con champiñones, 59

E

Empanada de ave y pies azules, 56
Ensalada forestal de espinacas, 133
Ensalada forestal de salmonetes, 131
Ensalada marinera con pies azules, 134
Ensalada de matacandiles, 128
Ensalada de oronjas y boletos comestibles, 127
Ensalada de rape con mantequilla de trufa, 130
Ensalada de rebozuelos, 129
Ensalada con trufa, 126
Ensalada de trufas negras, 132
Ensalada variada con trufa, 135

F

Faisán al estilo imperial, 62
Farra con rebozuelos, 93
Filetes de lenguado con trompetas
  de la muerte, 64
Fricandó de ternera con champiñones,
  salsa de tomate y albahaca, 77

G

Galampernas fritas, 52
Gougère con setas de primavera, 74
Gratén de puerros con brisura de trufa, 76
Guiso de codornices y liebre con
  champiñones y uvas, 115

H

Helado de trufas, 72
Hígado de ganso con setas silvestres, 143
Hojaldre de hígado de pato con boletos
  comestibles, 63
Huevos escalfados con puré de trufa, 87
Huevos pasados por agua al perfume
  de trufa, 88
Huevos pasados por agua con puré
  de trufa, 92
Huevos revueltos con trompetas
  de la muerte, 89

J

Judías verdes, rebozuelos y filetes
  de pato, 79

L

Lasaña forestal, 81

M

Macarrones gratinados con trufas, 75
Mantequilla de trufa, 36
Medallones de ternera con rebozuelos, 82
Milhojas de *foie gras* a la trufa, 83
Muserones a la provenzal, 84

N

Nems con champiñones negros, 85
Níscalos y legumbres con alioli, 80

Ñ

Ñoquis con morillas, 73

O

Oronjas flambeadas, 32
Osobuco con setas, 95

P

Parfait de hígado de ave con trufa, 97
Parrillada de verduras con jamón
  y trufa, 78
Pastel de arroz con trufa, 70
Pastel de hojaldre con trufas
  y *foie gras*, 148
Pastel de salmón y champiñones, 149
Patatas con trufas, 106
Paté de hígado de ave con boletos
  comestibles, 99
Paté de pato trufado con *foie gras*, 98
Pava asada con rebozuelos y manzanas, 58
Pequeña fritura forestal, 102

Petit brie trufado, 101
Pezizas con Cointreau, 103
Pizza de champiñones, 104
Pleurotos empanados, 105
Pulpetas de champiñones, 100
Puré de bejines lilacinos, 111
Puré de setas, 110

Q

Quiche de champiñones, 114

R

Raviolis y escalope de ave con trufas, 117
Raviolis a la forestal, 119
Raviolis trufados con tres quesos, 118
Raviolis de trufas con *foie gras*, 116
Rebanadas escandinavas con champiñones, 146
Rebanadas de pan con champiñones, 144
Rebozuelos al estilo normando, 71
Revuelto de trufa, 91
Risotto con setas, 120
Risotto con trufas, 121
Rodajas de lucio con champiñones, 57
Rollitos con trufa, 123

S

Salteado de conejo con setas, 136
Setas de Burdeos a la borgoñona, 46

Setas de Burdeos conservadas en aceite, 47
Setas al estilo landés, 48
Setas salteadas, 66
Solomillos de ternera con níscalos, 65
Sopa forestal con trufa y raviolis, 138
Sopa toscana de champiñones, 139
Suflé de oronjas, 31
Suflé de pies azules, 137
Suprema de pollo con rebozuelos, 140

T

Tallarines con armillarias color de miel, 141
Tarta forestal, 142
Torrijas con trufas, 96
Tortillas con trufa, 94
Tortitas de patatas con morillas, 69
Tortitas de setas, 68
Tostadas gratinadas con trufa, 145
Tournedó con trufa, 147
Truchas con mantequilla de trufa, 153
Trufa con corteza de pan, 150
Trufas hojaldradas, 152
Trufas con sal, 151
Trufas troceadas con flor de sal, 61

V

Vieiras al estilo forestal, 124
Vieiras con mantequilla de trufa, 125
Vieiras con pleurotos y puerros, 86
Volován con morillas, 157

www.ingramcontent.com/pod-product-compliance
Lightning Source LLC
Chambersburg PA
CBHW080638170426
43200CB00015B/2884